AF508614

COURTE HISTOIRE

DE NAPOLÉON Ier

SCEAUX. — IMPRIMERIE CHARAIRE ET FILS.

COURTE HISTOIRE

DE

NAPOLÉON Ier

SUIVIE

D'UN ESSAI SUR SA PERSONNALITÉ ET SA CARRIÈRE

Par J.-R. SEELEY

Professeur à l'Université de Cambridge

TRADUIT DE L'ANGLAIS

Par J.-B. BAILLE

Ancien Colonel d'infanterie, officier de la Légion d'honneur.

PARIS

ARMAND COLIN ET Cie, ÉDITEURS

1, 3, 5, RUE DE MÉZIÈRES

—

1887

PRÉFACE DE L'AUTEUR

Il n'est pas possible d'écrire une vie de Napoléon qui soit positivement courte. Lorsque j'entrepris de donner un résumé de son histoire en douze pages de l'*Encyclopædia Britannica*, je croyais entreprendre une tâche difficile ; mais je me trompais : j'entreprenais une tâche impossible. Je saisis l'occasion de cette préface pour témoigner ma reconnaissance de leur générosité à Messieurs Black qui, pour se conformer à mes désirs, et je crois, malgré de considérables inconvénients pour l'arrangement de leur « Encyclopédie », m'accordèrent 36 pages, c'est-à-dire trois fois l'espace qui m'avait été alloué primitivement pour cet article. Ces mêmes éditeurs m'obligent à de nouveaux remerciements en m'accordant l'autorisation d'incorporer dans ce volume la substance de l'article écrit pour eux, ce qui facilite et diminue mon travail actuel.

La vie de Napoléon que je donne ici au public, sans être absolument courte, est cependant presque aussi abrégée que la notice nécrologique d'un journal, si l'on considère le peu d'espace accordé à chaque incident. Elle dispose de plus d'une grande campagne en une seule phrase, et de plus d'une bataille fameuse en une seule ligne. Dans l'*Encyclopédie* ce défaut était inévitable ; mais le lecteur peut demander si je suis excusable de publier comme livre un sommaire qui doit nécessairement — il peut le penser — être aussi sec qu'une table des matières.

J'admets tout d'abord que cette « *Courte Histoire de Napoléon* » sera absolument inutile à certains points de vue ; mais je me flatte qu'à certains autres, elle aura d'autant plus d'utilité qu'elle est excessivement abrégée. L'éblouissement causé par la multiplicité des faits et des détails est le plus grand des dangers qui menacent ceux qui étudient l'histoire, et lorsque les faits se succèdent avec une extrême rapidité, comme dans la carrière de Napoléon, le danger est plus grave et l'éblouissement plus complet. J'ai pensé qu'il était possible de vaincre cette difficulté en supprimant beaucoup de détails, ce qui diminue le plus possible la contention d'esprit et l'effort de mémoire, et de racheter ce que perd le récit en coloris et en relief, par la précision du dessin.

Certainement, rien ne saurait être plus terne qu'un simple catalogue chronologique des actes de Napoléon ; mais j'ai pensé qu'un récit presque aussi court qu'un catalogue pourrait ne pas manquer d'intérêt, et encore moins d'utilité, s'il rapprochait la cause de l'effet, traçait clairement le développement corrélatif de l'un et de l'autre, et déterminait d'une manière frappante l'influence de l'époque sur l'homme, et de l'homme sur son époque.

En conséquence, j'ai tout sacrifié à la clarté et à l'unité, et on peut citer des côtés de sa vie que j'ai négligés à dessein, afin d'être plus bref. Par exemple, je n'ai fait aucune tentative, soit pour présenter, soit pour apprécier Napoléon comme général. Ce n'est pas une histoire militaire que j'écris; aussi, quoique je m'efforce de donner avec exactitude l'esquisse stratégique de chaque campagne, non seulement je ne décris pas les phases des batailles livrées, mais je ne raconte même pas le combat, je me contente de l'enregistrer. Puis encore je m'abstiens presque complètement de faire usage des détails et des anecdotes concernant la vie privée et les relations intimes de mon héros; c'est là pourtant que puisent habituellement les biographes pour donner de l'animation à leur récit. La duchesse d'Abrantès, Bourrienne, Mme de Rémusat, et beaucoup d'autres écrivains tout aussi intéressants, quoique moins connus, m'auraient fourni des particularités en grand nombre, mais je voulais que mon histoire fût claire et courte, et je me souciais relativement peu qu'elle fût animée.

Je pensais qu'une histoire dans ces conditions était possible, mais j'étais bien loin de me flatter qu'elle fût facile. Il est singulièrement malaisé de se faire une vue d'ensemble sur ces personnages historiques qui remplissent un rôle international. Napoléon est une figure d'une importance capitale dans l'histoire intérieure de chacune des grandes nations du Continent; c'est le plus grand des ennemis extérieurs de l'Angleterre; cependant la plupart de ses historiens ne l'ont considéré, presque exclusivement, qu'au point de vue de leur propre nationalité. Ils ont écrit comme Français, ou comme Anglais, non seulement sans grande sympathie pour leur héros, mais aussi, dans bien des cas, sans connaissance suffisante de leur sujet.

L'esquisse que je méditais, à la fois courte et fidèle, ne pouvait résulter d'emprunts faits aux auteurs en renom, ni de recherches hâtives. Je prie le lecteur de croire que je n'ai pas étudié la vie de Napoléon dans le but d'écrire cette *Courte Histoire*, mais que j'écris cet ouvrage parce que j'ai étudié, pendant des années, l'époque napoléonienne à bien des points de vue, et dans des pays divers. Je ne veux pas qu'on me croie entièrement sur parole. J'ai montré, en 1879, dans mon livre *Life and Times of Stein*, que j'ai observé avec le plus grand soin les changements produits en Allemagne par les guerres de Napoléon. Par mon *Expansion of England* (1883), le lecteur peut s'assurer que j'ai réfléchi sur les relations de la France avec l'Angleterre à l'époque napoléonienne et sur leur rivalité qui, après s'être graduellement développée pendant tout le xviiie siècle, atteignit, sous Napoléon Ier, un si haut degré de violence. Mais depuis la publication de mon dernier ouvrage, et pendant la composition de celui-ci, j'ai poursuivi mes recherches pour l'exécution d'une *Histoire de la politique anglaise pendant le* xviiie *siècle*. Mes informations sont de première main; je les puise dans les dépêches manuscrites conservées au *Record Office*.

Quant au point de vue français du sujet, je me suis efforcé de m'appuyer autant que possible sur des documents authentiques ; je n'ai pas fait porter principalement mon étude sur Thiers, ou Lanfrey, mais sur la Correspondance de Napoléon. Je puis ajouter que mes vues sur les rapports entre Napoléon et la Révolution, et sur la transformation de l'époque révolutionnaire en époque napoléonienne, sont le résultat de longs travaux sur l'une aussi bien que sur l'autre de ces époques.

Outre les documents originaux, j'ai évidemment étudié les ouvrages s'appuyant sur ces documents qui ont paru dans les dernières années. Parmi les sources récemment ouvertes auxquelles j'ai puisé, je dois mentionner particulièrement, pour la première période, les ouvrages du colonel Jung ; pour la période du Directoire, ceux de Hüffer, les derniers volumes de Von Sybel, et l'étude sur l'expédition d'Égypte par le comte Boulay de la Meurthe ; pour les guerres d'Allemagne, les Mémoires authentiques de Hardenberg, édités par Ranke, et la biographie de l'auteur, aussi par Ranke ; l'ouvrage d'Oncken sur la *Guerre d'Indépendance*, et une longue liste d'ouvrages dont j'avais déjà fait usage pour *The Life and Times of Stein*. Mais quelques œuvres importantes ont paru depuis cette dernière publication, spécialement le second volume d'Oncken, et l'histoire de Treitschke ; je puis aussi mentionner les recherches originales dont s'occupe actuellement A. Stern.

Presque un tiers de ce volume est consacré à un essai sur Napoléon ; ce travail est entièrement inédit. Je l'ai écrit comme complément de l'histoire à laquelle il est annexé, et je n'y ai fait usage que des matériaux fournis par cette histoire. Aussi, dans cet essai, je ne pouvais entreprendre ni d'analyser le caractère de mon héros, ni d'apprécier son génie. Je ne m'occupe que des rapports entre Bonaparte et son époque, et de sa place dans l'histoire de la France et de l'Europe; et même, sur cette dernière question, — j'ai à peine besoin de le dire, — mon travail ne présente que des suggestions. C'est seulement un essai, ce n'est point un traité.

PRÉFACE DU TRADUCTEUR

Il semble bien difficile d'admettre, avec Seeley, que la soumission de l'Angleterre fut le but final que voulait atteindre Napoléon. Cette soumission n'était en réalité pour lui qu'un moyen, une étape ; son rêve était plus haut encore : ce qu'il visait, ce qu'il voulait, ce n'était rien moins que « la domination de la terre ». Dans sa conviction, l'Angleterre seule faisait encore obstacle à la réalisation de ce rêve, et c'est pour ce motif qu'il s'obstina à la combattre. L'Angleterre vaincue, il se voyait maître du monde.

Seeley dit encore : Qui pourrait indiquer quelle organisation finale aurait été donnée à l'Europe par Napoléon vainqueur ?

Il ne semble pas impossible de faire cette indication ; l'organisme gouvernemental était tout prêt à l'avance. C'était une féodalité dont les cadres étaient formés par les frères de Napoléon, puis par les maris de ses sœurs, déjà rois en exercice ou désignés, puis par les alliés de sa famille, les Beauharnais, Fesch, etc. ; puis enfin par les trois princes souverains, les quatre princes héréditaires, les trente-un ducs héréditaires, et la multitude des comtes et barons, avec dotations graduées, attendant de l'avancement. Sa propre famille aurait aussi fourni cardinaux et papes.

Voilà les assises de la construction féodale napoléonienne.

Son rêve était l'humanité étiquetée, classée, brahmanisée, immobile sous son sceptre ; et pour la maintenir, une noblesse faite à son gré, — lui seul restant distributeur des empires, des royaumes, des richesses, des hautes dignités civiles, militaires et religieuses.

Dans cette société, rien n'aurait manqué, ni le travail, ni la sécurité, ni le bien-être, rien — que la liberté. Car tous ces biens auraient été le prix de l'obéissance absolue.

Les spectacles de la Révolution lui avaient fait prendre la liberté en horreur, et l'humanité en mépris. Plus de liberté, plus de presse, plus de discussions, plus de concurrence : hommes, actes, opinions, livres, journaux, marchandises, tout devait être réglé, fixé, tarifé, et surtout soumis à merci.

Son entreprise aurait échoué, même sans l'opposition de l'Angleterre, par le soulèvement des nationalités, encore obscures, mais se développant sans relâche, et qui devaient triompher tôt ou tard. Rien de plus précaire que les dominations maintenues par la force seule. Mais il avait si souvent et si merveilleusement réussi, au delà de toute probabilité et même de toute espérance, le sous-lieutenant devenu général en chef à 26 ans, et empereur à 35, que rien ne lui paraissait impossible.

D'autres, aussi bien que Seeley, ont fait ressortir tout ce que le caractère excessif de l'ambition des Napoléon, leur infatuation personnelle et familiale, ont coûté de sang, de larmes, de trésors et de territoire à la France. Le cri des mères a monté jusqu'au ciel. Mais qui pourra dire les conséquences de l'étrange désordre jeté dans les esprits par cette carrière détestable et triomphale ?

Est-il rien de plus démoralisant que le spectacle de l'ambition criminelle couronnée, adulée, célébrée par ceux-là mêmes qu'elle dépouille et sacrifie ! Jamais il n'a servi la patrie ; il s'est toujours servi d'elle à outrance. La France était pour lui la mine où il puisait le charbon humain nécessaire à la consommation de la puissante machine qui faisait exécuter ses volontés. Il l'aimait pour sa fécondité. — Mais qui peut supposer qu'il se soit jamais soucié de son bonheur et de sa dignité ?

Une autre question peut être posée. Les nations européennes, devenues des organismes vivants et conscients, parviendront-elles à échapper à la fatalité de haine qui leur a été léguée par la politique napoléonienne ?

Il est évidemment impossible d'appliquer aux pays conquis ou annexés, soit le système mercantile, si fatal aux colonies ; soit le système des apanages et dotations qu'entraîne l'impérialisme ; on peut donc se demander si, dans l'Europe actuelle, l'annexion d'une population étrangère est un avantage, et si elle n'est pas plutôt un danger, une source de dépenses et de ruine.

Bon nombre de nos rivales, transatlantiques et autres, ne ressentant à aucun degré les haines enfantées par les guerres impériales, n'ont pas partagé la folie militaire de l'Europe, et sont restées plus ou moins exemptes des charges (dettes et armées excessives) sous lesquelles nous plions ; en sorte que les guerres entre les nations européennes ont été faites et se font au profit de l'Angleterre et des États-Unis.

En Europe, les haines et les craintes ont transformé nos ruches agricoles, industrielles et scientifiques, en autant de camps fortifiés, veillant l'arme chargée les uns sur les autres, et se ruinant pour s'emparer d'une suprématie qui leur échappe en raison même de leurs dépenses pour l'acquérir.

Une suprématie durable, dit un auteur anglais (Jeans)

1.

ne peut se fonder que « par le maintien d'un haut degré d'efficacité et de conscience dans le travail ».

Or, comment serait-il possible de concilier le travail consciencieux et efficace avec le mortel état de paix armée que s'inflige le continent européen ?

HISTOIRE

DE

NAPOLÉON

CHAPITRE PREMIER

BUONAPARTE

§ 1er. — Sa famille et sa naissance. — Éducation militaire.
OEuvres de jeunesse.

La famille Buonaparte (c'est ainsi que le nom est orthographié par le père de Napoléon et par Napoléon lui-même jusqu'en 1796, quoique l'autre orthographe soit employée par d'anciens documents italiens) est d'origine Toscane. Une branche de cette famille s'établit en Corse, même avant le xvie siècle ; et nous trouvons, dès lors, les Buonaparte au nombre des habitants influents d'Ajaccio. Ils possédaient un ancien titre de noblesse accordé par la République de Gênes, et le grand-père de Napoléon obtint aussi des lettres de noblesse du grand-duc de

Toscane. Ils avaient donc le droit de signer *de Buonaparte*, mais, habituellement, ils ne faisaient pas usage de la préposition d'honneur. Charles-Marie de Buonaparte (qui naquit en 1746 et fit son cours de droit à l'Université de Pise, où il obtint le titre de docteur en 1769) épousa, à l'âge de 18 ans, Lætitia Ramolino, qui n'en avait pas tout à fait 15. La jeune femme était belle, mais ne possédait probablement ni rang, ni richesse. Parmi les enfants nés de cette union, nous croyons pouvoir citer comme tenant du père, gentilhomme italien assez indolent et doué d'un certain goût pour la littérature, Joseph, Jérôme, et peut-être aussi Lucien; l'énergie dont Lucien eut une part, que montra aussi Caroline, et qui étonna le monde en Napoléon, doit sans doute être attribuée au sang corse de la mère. Sur treize enfants nés de ce mariage, huit atteignirent l'âge mûr; en voici la liste : Joseph, d'abord roi de Naples, puis roi d'Espagne; Napoléon; Lucien; Éliza (princesse Bacciochi); Pauline (mariée d'abord au général Leclerc, puis au prince Borghese); Caroline (mariée à Murat, devint reine de Naples); Louis (roi de Hollande); Jérôme (roi de Westphalie). L'aîné de ces enfants naquit en 1768, le plus jeune en 1784.

En dehors de ses frères et sœurs, Napoléon donna une certaine importance à Joseph Fesch, frère utérin de sa mère, et suisse par son père. Joseph Fesch fut dans la suite connu sous le nom de cardinal Fesch.

L'opinion généralement acceptée est que Napoléon naquit à Ajaccio le 15 août 1769. Il est vrai que cette opinion s'appuie sur une affirmation positive de Joseph; mais il est certain, d'après des documents, que le 7 janvier 1768, Mme Lætitia mit au monde, à Corte, un fils qui fut baptisé sous le nom de Nabulione. D'ailleurs, les documents officiels eux-mêmes présentent des assertions contradictoires sur l'époque et le lieu de la naissance non seulement de Napoléon, mais aussi de Joseph. On a pensé que toutes les difficultés pourraient disparaître à la fois, si l'on admettait que Napoléon et Nabulione ne sont qu'un seul et même enfant, et que Joseph est en réalité le second fils que les parents ont jugé utile de faire passer pour le premier né. Ils auraient imaginé cette supercherie en 1799, lorsqu'ils obtinrent l'admission d'un de leurs fils à l'école militaire de Brienne. Un enfant né en 1768 n'aurait plus été admissible à cette date, comme ayant dépassé l'âge de 10 ans. Dans cette hypothèse,

Napoléon aurait été introduit par fraude dans cette carrière militaire qui devait changer la face du monde. Cependant il est certain, d'après les mémoires de Lucien, que rien de cette fraude ne vint jamais à la connaissance des jeunes membres de la famille, qui regardèrent toujours Joseph comme l'aîné, sans conteste.

Après avoir passé deux ou trois mois dans une école, à Autun, afin d'y apprendre le français (jusque-là il avait parlé exclusivement l'italien), Napoléon entra à Brienne le 23 ou le 25 avril 1779. Il y resta plus de cinq ans, et, en octobre 1784, il passa comme « cadet gentilhomme » à l'école militaire de Paris. L'année suivante (1785), il obtint une commission de lieutenant d'artillerie dans le régiment de la Fère, en garnison à Valence. Il avait déjà perdu son père qui, ayant entrepris un voyage en France pour affaires, avait reçu l'hospitalité, à Montpellier, dans la maison d'une ancienne amie, Mme Permon, dame corse, mère de Mme Junot, auteur de mémoires célèbres. C'est là qu'il mourut, le 24 février 1785, à l'âge de 38 ans, de la même maladie qui plus tard emporta son fils Napoléon.

Le fait principal à remarquer au sujet de la famille et de l'enfance de Napoléon, c'est qu'il appartient par sa naissance à la noblesse provinciale besoigneuse, et que, à partir de sa dixième année, son éducation fut exclusivement militaire. De tous les grands gouverneurs de peuples il n'en est aucun dont l'éducation ait été aussi absolument dirigée vers la guerre. C'est à peine s'il pouvait se rappeler le temps où il n'était pas encore soldat, vivant parmi des soldats. Les effets de cette éducation se montrèrent avec trop d'évidence quand il se trouva placé à la tête du gouvernement. Sa pauvreté, au milieu d'enfants nobles et riches, le sentiment de sa naissance étrangère et de son ignorance du français, le rendirent parfois très malheureux pendant son temps d'école. Un jour il demande passionnément à être ramené en Corse; une autre fois il envoie un mémoire dans lequel il fait valoir la convenance de soumettre les cadets à un régime plus austère. Son caractère se manifeste plus tôt que ses capacités. Il est noté comme « taciturne, aimant la solitude, capricieux, orgueilleux, extrêmement porté à l'égoïsme, parlant rarement, énergique dans ses réponses, prompt et tranchant dans ses réparties, plein d'amour-propre, et d'aspirations illimitées ». C'est ainsi qu'il est jugé par ses professeurs, et, dans quelques his-

toires, probablement exagérées, on fait de lui
un véritable Timon, vivant dans la solitude, et
perpétuellement en guerre avec ses camarades
d'école. Ses capacités ne paraissent pas avoir
excité l'étonnement, mais il était studieux, et
fit de grands progrès en mathématiques et en
géographie. Cependant, nous dit Carnot, il ne
devint jamais un véritable homme de science.
Il n'avait ni goût, ni aptitude pour les études
grammaticales; mais il aimait les livres et particulièrement ceux d'une nature sérieuse. Parmi
les écrivains de l'époque, il paraît avoir subi
principalement l'influence de Rousseau et de
Raynal.

Le voici maintenant lieutenant d'artillerie au
service de Louis XVI. Il passe en grande partie
les années suivantes avec son régiment à Valence, Lyon, Douai, Paris, Auxonne, Seurre,
puis encore Auxonne. Mais il fait de longs sé-
jours à Ajaccio, auprès de sa famille, à l'aide
de congés obtenus sous prétexte de mauvaise
santé. Ainsi il est à Ajaccio en 1787, de février
en octobre, puis encore de décembre 1787 à
mai 1788, et enfin de septembre 1789 à février 1791. Pendant cette période il s'occupe
principalement de composer des livres, car il
éprouve un violent désir de se distinguer, et

n'a jusqu'ici, aucun autre moyen d'y arriver.
Il écrit les *Lettres sur l'histoire de la Corse*,
qu'il a d'abord l'intention de dédier à Paoli,
puis à Raynal: il concourt pour un prix offert
par l'Académie de Lyon au meilleur *Essai écrit
dans le but de déterminer les vérités et les sentiments qu'il est le plus important d'inculquer
aux hommes pour leur bonheur*. Parmi ses compositions de moindre étendue on trouve *Le Récit du prophète masqué*. De tous ces ouvrages
qu'il ne faut pas confondre avec les écrits com-
posés par lui dans un but déterminé, on peut
dire qu'ils prouvent plutôt l'énergie de son
caractère que ses aptitudes littéraires. Comme
compositions de jeune homme, ils sont véri-
tablement remarquables par leur gravité pré-
coce; mais ce qui frappe le plus le lecteur, c'est
une espèce de passion contenue qui imprègne
le style; une certaine impatience fiévreuse,
comme si l'écrivain savait déjà combien de
choses il aurait à exécuter dans sa courte vie.
Mais ses sentiments, l'amour de la liberté, de
la vertu, du bonheur domestique, manquent de
sincérité, et son affectation de sentimentalité
est même ridicule. Comme composition, son
Essai est positivement sans valeur, et n'eut naturellement aucun succès.

§ 2. — Période corse.

Cependant son existence active avait commencé avec la Révolution de 1789. Le premier chapitre ne fait pas corps avec le reste de sa vie et ne conduit à rien. Cette carrière merveilleuse, qui a toute l'unité du drame le plus saisissant, ne commence qu'en 1795. Les six années qui précèdent cette date, peuvent être appelées sa période corse. parce que. pendant la plus grande partie de ce temps, on peut admettre qu'il regarda la Corse comme le théâtre prédestiné de sa vie future. Nous devons traiter ici cette période très sommairement.

En 1789 la Corse, île italienne, était depuis vingt ans une dépendance de la France. Mais la France l'avait acquise d'une manière fort peu scrupuleuse, en achetant les droits de la République de Gênes sur cette île. Or, elle avait fait cette acquisition en 1768, c'est-à-dire à une époque où la Corse avait contesté ces droits par une guerre de près de quarante années, et était pratiquement indépendante et heureuse depuis treize ans sous la Dictature de Pascal Paoli. Cette acquisition était un acte analogue au partage de la Pologne, et semble indiquer, de la part de la France qui venait justement d'éprouver des pertes considérables de colonies, l'intention d'étendre sa puissance en Orient, par la voie de la Méditerranée. Paoli fut obligé d'aller chercher un refuge en Angleterre, où il vivait encore quand éclata la Révolution française. A l'époque de la conquête de la Corse par la France, un certain Mattéo Buttafuoco joua un rôle malhonnête. Envoyé comme plénipotentiaire par Paoli pour traiter avec la France, il se laissa gagner par Choiseul, prit parti contre la cause nationale, et revint dans l'île comme colonel du régiment corse de Louis XV. Lui aussi vivait encore quand les états généraux se réunirent, et il y représenta la noblesse corse tandis que Salicetti, dont le nom a eu une assez grande notoriété pendant la Révolution, était un des représentants du tiers état corse.

Pour les relations entre la France et la Corse, la Révolution était un événement presque aussi dangereux qu'elle le fût pour les relations entre la France et Saint-Domingue. La Corse allait-elle proclamer son indépendance? Et si elle la proclamait, l'Assemblée pouvait-elle lui refuser le droit d'en agir ainsi? Les Corses prenant pour chef Paoli, encore en exil, choisirent un moyen terme. Que la France leur garantît de

grandes libertés locales, et à cette condition
les relations établies pourraient continuer, ne
fût-ce que pour empêcher la République de
Gênes de renouveler ses prétentions. En conséquence, le 30 novembre 1789, l'Assemblée
nationale déclara la Corse province française,
sur la motion de Salicetti lui-même, et la pro-
testation que fit Gênes contre ce décret fut considérée comme sans valeur. Paoli quitta Londres, fut reçu en France avec des ovations, se
présenta le 22 avril 1790 devant l'Assemblée
nationale qui lui accorda les honneurs de la
séance, et débarqua en Corse le 14 juillet, après
une absence de vingt et une années. C'est ainsi
que la Révolution de 1789 réconcilia la Corse
avec la France; mais la seconde Révolution,
en 1792, vint compromettre la bonne entente
établie.

Depuis 1769 le pouvoir de la France dans
l'île s'était appuyé principalement sur la noblesse et le clergé. La famille Buonaparte,
appartenant à la noblesse, n'avait pas pris parti
pour les patriotes: le père de Napoléon est toujours signalé comme faisant partie de l'entourage du gouverneur Marbœuf et comme solli-
tant à Versailles: Mme Lætitia, en demandant
une place pour son fils Louis, se désigne elle-

même comme « la veuve d'une homme qui a toujours servi le roi dans l'administration des affaires de l'île de Corse ». C'est donc un fait digne de remarque que Napoléon, presque immédiatement après la prise de la Bastille, se rendit en toute hâte à Ajaccio, et se mit résolument à la tête du parti révolutionnaire. Il se consacra à l'établissement d'une garde nationale, dont il pouvait espérer d'être le la Fayette, et il publia une *Lettre à Buttafuoco* qui, bien comprise, est un abandon solennel des principes de sa famille, semblable à celui de Mirabeau. Cette lettre est écrite avec toute la passion de ses autres écrits de jeunesse, mais elle a beaucoup plus de portée. Il y flagelle Buttafuoco pour sa trahison de 1768, et le signale comme un cynique n'ayant aucune foi à la vertu et admettant que tous les hommes se laissent guider par l'intérêt. Ces invectives n'ont plus aucune valeur pour nous qui savons que l'auteur, bientôt après, adopta ouvertement les mêmes sentiments. En se déclarant pour la Révolution, il obéissait à ses inclinations réelles du moment, telles que nous pouvons les constater d'après ses écrits qui sont dans le ton révolutionnaire de Raynal. Mais ne pouvons-nous pas nous demander s'il n'avait pas, en réalité, un but plus lointain; celui de rendre la Corse indépendante de la France et de rétablir l'ancien gouvernement de Paoli en se réservant à lui-même la succession du dictateur? Il est probable qu'il visait ce résultat, mais il avait toujours deux cordes à son arc. Dans sa lettre à Buttafuoco, il prend soin d'éviter de séparer la liberté corse de la liberté offerte par la Révolution française. Si l'occasion s'en était rencontrée, il aurait pu, sans aucun doute, prendre à ce moment le rôle de libérateur de la Corse; mais les circonstances ne lui parurent pas favorables, et il se laissa graduellement entraîner dans une direction absolument opposée.

En octobre 1790, il rencontra Paoli à Orezza, où la Corse fut constituée en département français. Paoli fut président, Salicetti procureur général syndic, Arena et Pozzo di Borgo (tous deux aussi d'Ajaccio), furent membres du Directoire. On dit que Paoli l'accueillit en le comparant à « un héros de Plutarque ». Comme Napoléon était le seul officier corse ayant reçu l'instruction d'une école royale militaire, il pouvait aspirer au commandement d'une garde nationale soldée que l'on proposait de créer dans l'île. Mais la France eut des méfiances sur l'usage que l'on pouvait faire d'un semblable corps de troupes, et le ministre de la guerre

rejeta la proposition. Cependant, l'année suivante, Bonaparte réussit dans une seconde tentative pour obtenir le commandement d'une
force armée en Corse, et montra bien, dans le
cours de ce second essai, combien à cette époque il était plus occupé des affaires de la Corse
que de celles de la France. On décida de créer
quatre bataillons de volontaires indigènes pour
la Corse et Napoléon se présenta comme can-
didat au poste de lieutenant-colonel dans le
district d'Ajaccio. La nomination était au choix
des volontaires eux-mêmes, et dans le but de
veiller à son élection, il n'hésita point à dépasser la limite de son congé, et à perdre sa
situation d'officier français, en manquant volon-
tairement à une grande revue de toute l'armée
française, qui avait été ordonnée pour le premier jour de l'année 1792. Mais il fut élu, après
avoir, dit-on, exécuté le premier de ses nombreux coups d'État, par l'emprisonnement du
commissaire délégué pour présider à l'élection.
Nous comprendrons son ardeur si nous remarquons que l'anarchie croissait incessamment en
Corse, à tel point qu'il put croire le moment
venu pour un coup de main militaire. Il n'atten-
dit pas longtemps. Aux fêtes de Pâques de 1792,
il tenta de se rendre maître d'Ajaccio, en s'au-

torisant d'une lutte entre les volontaires et les partisans du clergé réfractaire. Le coup de main échoua, et il s'enfuit de l'île. La guerre européenne éclatait en ce moment, et tout était en confusion à Paris; autrement il aurait été probablement jugé par un conseil de guerre et fusillé.

Rebelle en Corse, déserteur en France, que pouvait-il faire? Il se rendit à Paris où il arriva le 21 mai. La seconde Révolution était proche, et il put observer tout le monde, tandis que personne n'avait le loisir de l'observer lui-même. Il fut témoin du 10 août et de la chute de la monarchie. Cette révolution était pour lui un événement favorable car le nouveau gouvernement, attaqué par toute l'Europe, ne pouvait se passer des services du petit nombre d'officiers instruits que lui laissait l'émigration. Le 30 août, on le rétablit sur la liste de l'armée, avec le rang de capitaine, une commission antidatée du 6 février, et le droit aux arrérages de sa solde; il fut ainsi sauvé de la situation la plus désespérée à laquelle il ait jamais été réduit dans toute sa carrière. Le 2 septembre, — date terrible, — il est occupé à retirer sa sœur Éliza de Saint-Cyr (la maison de Saint-Louis avait été supprimée). La résolution qu'il prend ensuite

est à remarquer. La grande guerre qui devait le
porter au comble de la gloire était alors pleinement déchaînée. Par une chance imméritée, son
rang dans l'armée vient de lui être rendu. Va-
t-il se hâter de rejoindre son régiment dans l'espoir de faire preuve de ses talents militaires?
Non, ses pensées sont toujours en Corse. Sous
prétexte de ramener sa sœur à la maison mater-
nelle, il part sans délai pour Ajaccio où il arrive
le 17 septembre.

Il consacra son hiver à l'expédition malheureuse contre l'île de Sardaigne qu'on peut
appeler sa première campagne. A son retour
en Corse, il trouva que la scène avait entièrement changé. La seconde Révolution commençait à produire son effet dans l'île qui n'était
plus une province de la France, et où tout
était modifié par la présence de Paoli. Partout
ailleurs, la Convention était à même de briser
toute résistance, à l'aide de ses représentants
en mission, mais elle ne pouvait ainsi soumettre la Corse et Paoli. La lutte s'envenima
donc entre la Convention et le vieux dictateur,
et les Corses se divisèrent en partisans de la
première ou du second. On aurait pu croire que
Bonaparte qui toute sa vie avait glorifié Paoli et
dont les lettres de jeunesse sont pleines de haine

contre la France, serait un partisan enthousiaste
de Paoli. Mais il semble qu'une rupture avait eu
lieu entre eux bientôt après le retour de Napoléon de Paris, peut-être en raison de son esca-
pade de Pâques 1792. La crise contre Paoli
éclata le 2 avril 1793; Marat le dénonça à la
Convention en même temps que plusieurs autres
suspects; et l'Assemblée décréta que Paoli et
Pozzo di Borgo devaient venir à Paris et rendre
compte de leur conduite à sa barre. Paoli refusa,
mais avec la modération extrême, excessive
peut-être, qui le caractérisait, il offrit de quitter
la Corse si sa présence portait ombrage à la
Convention. Néanmoins les habitants de l'île se
rallièrent presque unanimement autour de lui.

Il n'y avait aucun motif pour que les horreurs
de la seconde Révolution s'étendissent à la Corse,
même en admettant qu'elles aient été inévitables
en France. Aucune circonstance plus favorable
ne pouvait s'offrir à un patriote corse de rompre,
avec l'assentiment de tous, le lien qui réunissait
la Corse à la France depuis 1769. Napoléon prit
le parti opposé. Il se mit en avant, avec Salicetti,
comme le premier champion de l'union avec
la France, et le plus violent adversaire de Paoli.
Était-il animé par l'envie ou par l'irritation d'une
récente querelle personnelle avec Paoli? Nous

ne pouvons le dire positivement, mais ce changement de convictions, nous permet d'apprécier à sa juste valeur la sincérité de ce patriotisme insulaire qui remplit les *Lettres sur l'histoire de la Corse*. Paoli réunit une Assemblée (Consulta) nationale vers la fin de mai et la dissolution des liens qui unissaient la Corse à la France fut prononcée. L'assemblée dénonça nominativement la famille Bonaparte; Napoléon répondit par des tentatives désespérées pour l'exécution de son ancien plan de se rendre maître de la citadelle d'Ajaccio. Mais il échoua, et la famille tout entière, y compris Mme Lætitia et Fesch, poursuivie par la colère de la population, chercha un refuge en France. Cette hégire termine la première période de la carrière de Napoléon.

§ 3. — A Toulon. — Il y rejoint l'armée d'Italie. — Ses relations avec les Robespierre. — Il est envoyé à l'armée de l'Ouest. — Il reste à Paris.

Jusqu'ici Napoléon n'a eu que de l'éloignement pour la nation française; les manières et les habitudes des Français sont pour lui étranges, exotiques, et déjà plus d'une fois, il s'est détourné de la carrière dans l'armée française, au moment même où elle semblait s'ouvrir devant lui. Mais désormais, il n'a plus d'autre route à suivre, à moins qu'il ne trouve la possibilité de rentrer en Corse avec l'aide d'une armée française, comme il continua à l'espérer pendant quelque temps. Il semble aussi qu'il se produise un certain changement dans son caractère. Jusqu'ici ses écrits, quoique animés d'une passion intense, ont gardé un ton essentiellement moral et sentimental. — On peut supposer qu'il s'est cru sincèrement supérieur aux autres hommes en force, en grandeur et en moralité. A l'école il se trouvait parmi des condisciples qui étaient « à cent toises au-dessous des nobles sentiments qui l'animaient lui-même, » et beaucoup plus tard encore, il déclarait que les hommes parmi lesquels il vivait avaient des manières de penser qui différaient de la sienne « autant que le clair de lune diffère de la clarté du soleil ». Il continue probablement à sentir que son intelligence a plus de puissance que celle des autres hommes, mais désormais il cesse de se poser en moraliste. Son pamphlet suivant, le *Souper de Beaucaire*, est entièrement dégagé de toute note sentimentale, et très peu de temps après il se déclare cynique, et même pousse le cynisme à l'extrême.

Ce fut en juin 1793, que la famille tout entière

se trouva à Toulon au milieu de l'émigration corse. La France n'était pas moins troublée que la Corse, car c'était le moment de la chute des girondins. Dans cette nouvelle lutte des partis, Napoléon pouvait difficilement éviter de se mettre du côté de la Montagne. Paoli avait été en quelque sorte le girondin de la Corse, et Napoléon le chef de l'opposition contre lui. Dans le *Souper de Beaucaire*, publié au mois d'août 1793, qui est le manifeste de cette période, comme la *Lettre à Buttafuoco* est celui de la précédente, il compare lui-même les girondins à Paoli, et il exprime la pensée que la sûreté de l'État exige un républicanisme plus profond que le leur. Ce pamphlet lui fut inspiré par la guerre civile du Midi, au milieu de laquelle il vivait alors. Marseille s'était déclarée contre la Convention et avait envoyé, sous les ordres du général Rousselet, une armée qui avait occupé Avignon, mais qui l'avait évacué à la première attaque des troupes de la Montagne, sous les ordres de Carteaux. Napoléon prit part à cette affaire, à la tête de l'artillerie ; on raconte qu'il s'y distingua, mais cette assertion semble mal fondée. Le fait se passait en juillet, et le pamphlet fut écrit un mois plus tard. C'est un dialogue entre des habitants de

Marseille, Nîmes, Montpellier, et un militaire. Il est caractéristique à un haut degré : plein de sagacité, d'ironie, et de vues militaires très nettes ; mais la température de l'esprit de son auteur s'est évidemment abaissée soudainement : il n'a plus de passion, mais une froideur cynique remarquable.

Parmi les représentants en mission arrivés récemment à Avignon se trouvait Robespierre le jeune, avec lequel Salicetti vivait dans l'intimité. Napoléon, présenté par ce dernier, et recommandé par son pamphlet, s'éleva naturellement à une haute faveur. Il ne faut pas nous laisser égarer par la violence avec laquelle, comme premier consul, il attaqua ce parti, et l'horreur qu'il prétendit éprouver alors pour ses crimes, au point d'admettre que ses relations avec les jacobins et spécialement avec Robespierre furent d'abord purement accidentelles et professionnelles. Tous les témoignages contemporains que nous possédons nous montrent Buonaparte tenant à cette époque le langage d'un terroriste, et nous verrons de combien peu il s'en fallut qu'il pérît avec Robespierre en Thermidor. Ceci ne doit pourtant pas nous empêcher de croire Marmont, lorsqu'il dit que les atrocités des Robespierristes ne furent jamais du goût de Napoléon, et qu'il fit tout son possible pour les empêcher dans les limites de son influence.

Il entra dans Marseille à la fin d'août, avec Carteaux, et vers cette même date, Toulon se mit entre les mains des Anglais. Juste au même moment, il fut élevé au rang de chef de bataillon dans le second régiment d'artillerie, ce qui lui donna le commandement de l'artillerie dans l'armée qui se réunissait pour assiéger Toulon. Les récits de ses relations avec les généraux qui furent successivement désignés pour conduire le siège, Carteaux le peintre, Doppet le physicien, Dugommier le brave vétéran, et de sa découverte de la véritable manière de prendre Toulon, sont peut-être un peu légendaires : mais il se peut fort bien aussi qu'il ait été éloquent et persuasif dans le conseil de guerre tenu le 25 novembre, où le plan du siège fut exposé. Qu'il se soit signalé pendant l'action, cela est plus certain, car Dugommier écrit : « Parmi ceux qui se sont le plus distingués et qui m'ont le plus aidé à rallier les troupes et à les faire marcher en avant, sont les citoyens Buonaparte, commandant de l'artillerie, Arena et Cervoni, adjudants généraux (*Moniteur*, 7 décembre 1793). Il fut alors nommé général de brigade.

Il passe maintenant de l'armée de l'intérieur à celle qui est destinée à la guerre contre l'étranger. Le système militaire de la Convention est, à cette époque, en pleine opération. Des armées distinctes font face à chaque ennemi, et les grands noms militaires de la Révolution, sont déjà sur les lèvres de tous. A l'armée du Nord nous trouvons : Jourdan, Leclerc, Vandamme, Brune, Mortier; à l'armée de la Moselle, Hoche, Bessière, Moreau; à celle du Rhin, Pichegru, Scherer, Berthier; à celle de l'Ouest, Marceau et Kléber. Buonaparte rejoint l'armée d'Italie comme général d'artillerie et inspecteur général; Masséna y figure comme général de division; Dumerbion commande en chef. C'est ici que, pour la première fois, la capacité exceptionnelle du jeune homme se fait remarquer. Il avait toujours montré une ambition ardente et inquiète, mais il semble que ce soit le jeune Robespierre, qui discerna, le premier, que ce n'était pas un vulgaire ambitieux. Dans une lettre du 5 avril 1794, Robespierre déclare qu'il possède *un mérite transcendant*. Buonaparte ne prit aucune part à la courte campagne de l'armée d'Italie qui occupa le mois de juillet 1794; ce fut Masséna qui exerça le commandement en remplacement de Dumerbion malade; mais c'est dans ce mois de juillet qu'il fit ses premiers essais en diplomatie. L'état de Gênes fut parmi les premiers de ces faibles états neutres si nombreux, qui pâtirent du conflit de la Révolution avec les grandes puissances, et aux dépens desquels se fonda l'empire révolutionnaire. Buonaparte fut envoyé par le jeune Robespierre pour faire des remontrances au gouvernement génois sur l'usage qu'il laissait faire de son territoire neutre par les troupes de la coalition. Il séjourna à Gênes du 16 au 23 juillet, et fit valoir avec succès la réclamation française ; il revint à Nice le 28 juillet. Mais le 28 juillet 1794, c'est le 9 thermidor, jour où son patron, Robespierre le jeune, périt sur l'échafaud avec son frère aîné.

Probablement les relations de Napoléon avec les Robespierre étaient plus intimes qu'il n'aurait voulu qu'on le crût plus tard. « Il était leur homme, leur faiseur de plans », écrit Salicetti ; « il avait acquis un ascendant sur les représentants (spécialement sur Robespierre le jeune) qu'il est impossible de décrire », déclare Marmont à son tour. En conséquence, après thermidor, les représentants en mission qui restaient à l'armée d'Italie, Salicetti, Albitte et Laporte, suspendirent Buonaparte de ses fonctions et le firent arrêter provisoirement (6 août). On l'emprisonna au Fort Carré, près d'Antibes, mais heureusement pour lui, on ne l'envoya pas à Paris. Le 20, on le mit provisoirement en liberté, « afin d'utiliser les connaissances militaires et locales dudit *Bonaparte* ». Cette nouvelle orthographe commence déjà à se faire jour.

Il dut son salut, d'après Marmont, à la faveur de Salicetti, et aux secours puissants qu'il parvint à se procurer, « il remua le ciel et la terre ». Son pouvoir de s'attacher des partisans commence aussi à se faire sentir ; Junot et Marmont, qui avaient fait connaissance avec lui à Toulon, s'étaient préparés, s'il avait été envoyé à Paris, à lui rendre la liberté en tuant les gendarmes, pour le conduire sur le territoire génois. Marmont a décrit avec vivacité l'influence que Napoléon exerçait sur lui à cette époque : « il y avait tant d'avenir dans cette intelligence ! » écrit-il.

Ce n'était là qu'un échec passager : au commencement de 1795 il éprouva une mésaventure plus grave : il s'était engagé dans une expédition maritime dont le but était de recouvrer la Corse, alors complètement au pouvoir des Anglais. Le 3 mars, il s'embarqua avec son frère Louis, Marmont et quelques autres sur le brick

Amitié. La flotte mit à la voile le 11, elle rencontra l'escadre anglaise, perdit deux navires et revint défaite. L'entreprise fut abandonnée et, à la fin de ce même mois, nous voyons Lacombe Saint-Michel, membre du Comité de salut public, envoyer au général de brigade Bonaparte l'ordre de se rendre immédiatement à l'armée de l'Ouest, afin d'y prendre le commandement de l'artillerie. Il quitta Marseille pour Paris le 5 mai, sentant bien qu'il avait encore perdu tout le terrain gagné par son activité à Toulon et par l'admiration naissante qu'il inspirait. Sa carrière était tout entière à recommencer, et dans des circonstances particulièrement défavorables.

Ce fut à peu près le dernier coup que lui porta la mauvaise fortune : il a été attribuée à la haine girondine d'un certain Aubry, contre le montagnard Bonaparte. Mais ce qui semble plutôt la vérité, c'est que le Comité de salut public s'aperçut que l'élément corse était trop puissant dans l'armée d'Italie ; les envoyés de ce Comité font remarquer que le « patriotisme des réfugiés corses est moins manifeste que leur disposition à s'enrichir ». Lacombe Saint-Michel connaissait la Corse ; et Scherer, le nouveau général de l'armée d'Italie, écrit à ce moment même cette

note au sujet de Bonaparte : « C'est vraiment
un bon artilleur, mais il a beaucoup trop d'ambition et il intrigue pour obtenir de l'avancement. »

L'anecdote, racontée par Bonaparte lui-même,
d'une attaque d'avant-postes ordonnée par lui
« pour faire plaisir à une femme en lui donnant
le spectacle d'un épisode de guerre réelle ; de
la réussite de l'opération qui cependant ne pouvait nécessairement amener aucun résultat,
puisque l'attaque était une pure fantaisie, et
qui coûta pourtant la vie à quelques hommes »,
appartient au dernier mois de son service dans
l'armée d'Italie. Cet épisode est cependant digne
de remarque parce qu'il prouve son insensibilité
cynique dès le début de sa carrière militaire, et
non pas seulement quand il fut endurci par
l'habitude du carnage. En arrivant à Paris, il
évita de se rendre à l'armée l'Ouest et, au bout
de quelques jours, il obtint de Doulcet de Pon-
técoulant un poste dans la section topogra-
phique du ministère de la guerre. Il retrouve
ici une occasion de reprendre son ancien
emploi, et nous le voyons occupé à fournir à
Doulcet, comme naguère à Robespierre le
jeune, des plans stratégiques pour la conduite
de la guerre en Italie. A la fin d'août il demande

au gouvernement une mission pour se rendre à
Constantinople, à la tête d'un corps d'artilleurs,
afin de réformer cette partie du service de l'armée turque. Il envoie avec sa demande un cer-
tificat de Doulcet qui le recommande comme
« un citoyen pouvant être employé utilement
soit dans l'artillerie, soit dans toute autre arme,
soit même au département des affaires étrangères ». Mais à ce moment a lieu la crise de sa
vie. Elle coïncide avec une crise remarquable
de l'histoire de France.

§ 4. — Il réprime la révolte des sections. — Son mariage.
— Il prend le commandement de l'armée d'Italie.

La seconde révolution (1792) avait détruit la
monarchie ; mais, à dire vrai, la République n'a-
vait pas encore été établie. De 1792 à 1795, le
gouvernement était resté provisoirement entre
les mains de la Convention nationale qui avait
été nommée, non pas pour gouverner, mais
pour faire une nouvelle constitution. Maintenant
que le danger de l'invasion étrangère était enfin
éloigné, la Convention pouvait procéder à son
œuvre spéciale : l'établissement d'une République définitive.

Mais il y avait à craindre que le pays, quand

il serait consulté, prit le parti de renverser
l'œuvre de 1792 en rappelant les Bourbons, ou
bien voulût au moins se venger sur la Montagne
des atrocités de la Terreur. Un expédient fut
adopté pour conserver au gouvernement une
certaine continuité. Comme, d'après la nouvelle
Constitution, les assemblées devaient être renou-
velées périodiquement, mais seulement par
tiers, on décréta que le mode nouveau de renouvellement par tiers, adopté pour le premier
corps législatif, serait appliqué à la Convention
existante ; de cette manière, au lieu d'être dissoute et de faire place aux nouvelles assemblées,
elle formerait le noyau de la nouvelle législature, et ne perdrait qu'un tiers de ses membres. Cette loi additionnelle, qui fut promulguée
en même temps que la nouvelle Constitution,
excita une révolte dans Paris. Les sections (ou
quartiers) créèrent une assemblée révolutionnaire qui se réunit à l'Odéon ; la Convention la
supprima par la force, et cette mesure ne fit
qu'accroître le mécontentement des sections.
En même temps leur confiance en elles-mêmes
grandissait par suite d'un échec qu'elles infli-
gèrent au général Menou, qui, en essayant
de désarmer la section Lepelletier, fut enfermé
dans la rue Vivienne, et ne put s'échapper

qu'en concluant une espèce de capitulation avec les insurgés. Alors la Convention, alarmée, fit arrêter Menou et donna le commandement de la force armée de Paris, et de l'armée de l'Intérieur, à Barras, un des principaux hommes politiques de l'époque, qui avait acquis une sorte de réputation militaire pour avoir rempli plusieurs fois le poste de représentant en mission. Barras, qui connaissait l'armée d'Italie et les services que Buonaparte avait rendus à Toulon, le nomma commandant en second.

Il ne semble pas que Buonaparte ait fait preuve ni d'une extraordinaire fermeté de caractère, ni d'une grande originalité de génie, en recevant le lendemain (13 vendémiaire ou 5 octobre) les sections révoltées à coups de canon. La disgrâce de Menou prouvait que la Convention exigeait qu'on agît avec décision, et tout l'odieux de cette répression retomba sur Barras et non sur Bonaparte. C'est à peine si son nom paraît dans le rapport officiel rédigé par Bonaparte lui-même. Au lieu d'assumer courageusement la responsabilité de l'affaire, il s'efforce de l'écarter. Il n'est, dans la circonstance, que l'instrument, l'artilleur expérimenté, à l'aide duquel Barras et la Convention mettent en action leur politique résolue. En outre, quoique ses dispositions eussent été bien prises, le récit d'après lequel il aurait dépêché Murat, à deux heures du matin, pour ramener l'artillerie des Sablons, ne paraît pas exact. On remarquera que, dans cette occasion, il défend la cause du jacobinisme. Nous n'avons pas besoin d'expliquer cette attitude, puisque, plus tard, il prit lui-même grand soin de l'excuser par cette considération que, tout odieux que fût le jacobinisme, il était identifié, en cette circonstance, avec « les grands principes de notre Révolution ». La vérité est que pendant toutes les premières années de sa carrière, il appartint toujours au parti jacobin. A ce moment, il était fonctionnaire du gouvernement jacobin, et, dans ses lettres, il tient sur le parti des sections exactement le langage que l'on pouvait attendre d'un fonctionnaire de ce gouvernement.

Dans cette affaire, il produisit une impression de capacité militaire réelle sur les hommes les plus importants du pays, et fit de Barras son obligé personnel. Pour récompense, Barras ayant donné sa démission, il lui succéda dans le commandement de l'armée de l'Intérieur. Dans cette position, à la fois politique et militaire, il préluda au rôle qu'il devait remplir plus tard comme premier consul et empereur. Il for-

tifia aussi matériellement sa nouvelle situation
par son mariage avec Joséphine de Beauharnais,
née Tascher de la Pagerie. Son premier choix
s'était porté sur l'amie de sa famille, Mme Permon ; mais celle-ci déclina la proposition. La
légende raconte qu'un jeune homme s'étant
adressé à lui pour réclamer le sabre de son père,
guillotiné pendant la Terreur, Bonaparte le reçut
avec bonté, et que la mère de ce jeune homme
étant venue le remercier, une liaison s'en suivit.
Mais même en admettant qu'il eût de l'attachement pour Joséphine, nous ne devons pas considérer cette union comme formée par l'affection pure. Elle était presque aussi magnifique
pour le jeune général Bonaparte, que le fut, pour
l'empereur Napoléon, son union avec Marie-
Louise. Joséphine avait une situation éminente
dans la société parisienne, et, pour le Corse
isolé, absolument privé de relations à Paris, et
même en France, une semblable alliance était
sans prix. Joséphine ne possédait ni une excel-
lente réputation, ni une grande intelligence,
mais elle avait beaucoup de douceur dans le
caractère. Son charme personnel ne venait pas
tant de sa beauté que de sa grâce, de son tact
social et du bon goût de sa mise. L'acte de mariage est daté du 19 ventôse an IV (9 mars

1796), et il a cela de remarquable qu'il indique
1768 au lieu de 1769 comme date de la naissance de Napoléon, et 1767 au lieu de 1763,
comme date de la naissance de Joséphine. Le
jour même de son mariage, Bonaparte avait
reçu sa nomination de commandant en chef de
l'armée d'Italie. C'est ici que commence sa
grande carrière européenne.

CHAPITRE II

LE GÉNÉRAL BONAPARTE

§ 1. — Campagne d'Italie.

La cinquième année de la guerre de la Révolution commençait. Il était déjà évident que cette guerre changerait la face de l'Europe; et presque certain qu'elle donnerait à la France un nouvel ascendant. La coalition qui, en 1793, semblait tenir la France à sa merci, avait été paralysée par le réveil de la question polonaise. Des troupes prussiennes furent rappelées et quittèrent le Rhin pour aller combattre Kosciuszko, et en même temps se ralluma soudainement cette jalousie mutuelle de la Prusse et de l'Autriche qui dominait depuis un demi-siècle la politique allemande. Le bénéfice de cette diversion fut pour la France. Dans la campagne de 1794, elle chassa les Autrichiens de la Belgique : pendant l'hiver suivant, elle conquit la Hollande, chassa le Stathouder, établit l'autorité des soi-disant patriotes, et détacha ainsi cet État de la coalition. La France n'avait pas frappé de coup aussi rapide depuis Louis XIV, et, ce qui était plus menaçant encore, la coalition au lieu de rallier ses forces commençait alors à se dissoudre rapidement. Ainsi le système européen était déjà rompu : une nouvelle ère avait commencé où la France se présentait en puissance conquérante, avec son territoire déjà agrandi, son esprit militaire exalté, son armée accrue et disciplinée au delà de tout ce qui s'était vu antérieurement. Ce ne fut donc pas Bonaparte qui inaugura le système de la conquête : il le trouva déjà établi.

La Prusse, avec le plus grand nombre des princes de l'Allemagne du Nord, s'était retirée de la guerre en avril 1795 ; en juillet, l'Espagne suit son exemple. La coalition prend sa seconde forme, qu'elle devait garder presque jusqu'à la pacification de 1801. Elle est formée maintenant par la triple alliance de la Russie, l'Autriche et l'Angleterre ; et jusqu'ici la Russie n'en est qu'un membre inactif, pour ne pas dire perfide. De fait, la France n'a pour adversaire, sur le continent, que la seule Autriche : c'est elle

qui, pendant la campagne de 1795, sert de bou-
clier à l'Allemagne contre l'invasion de Jourdan et de Pichegru. Les Français sont déjà des
conquérants, mais dans cette campagne, ils sont
maltraités par la fortune. Au moment où vendémiaire révélait Bonaparte au monde, Clerfayt et
Wurmser portaient des coups qui forcèrent les
armées françaises à repasser le Rhin, et qui,
pour l'instant, sauvèrent l'Allemagne. Mais Bonaparte seul a entièrement compris qu'il ne
reste pas d'autre ennemi réel que l'Autriche,
car si tous peuvent voir que la Prusse l'a abandonnée sur le Rhin, il semble que la Sardaigne
lui reste fidèle dans les Alpes. Mais Bonaparte
est sûr que la Sardaigne ne soutiendra pas plus
l'Autriche que ne l'a fait la Prusse, et qu'elle n'a
pas plus d'intérêt que cette dernière à continuer
la guerre, maintenant qu'elle a perdu la Savoie
et Nice, et qu'elle voit la France plus forte que
jamais. La Sardaigne neutralisée, l'Autriche
pourra être attaquée dans la Lombardie où elle
est une puissance étrangère. Bonaparte avait
depuis longtemps dans l'esprit la pensée de soulever contre elle la population italienne, de la
chasser au delà des Alpes et d'apporter par une
attaque de flanc sa coopération à l'armée du
Rhin. Depuis vendémiaire, il avait discuté ce

3.

plan avec Carnot, qui était alors un des cinq directeurs, et ce fut peut-être Carnot (s'il faut en croire la *Réponse à Bailleul*), qui fut la cause de la nomination de Bonaparte au commandement de l'armée d'Italie.

À ce moment, les armées françaises étaient partout paralysées par le manque d'argent; il semblait probable que, pendant la campagne de 1796, la France demeurerait impuissante faute de ressources. Bonaparte connaissait le moyen de vaincre cette difficulté. Dès le début, les Français avaient levé des contributions sur les territoires qu'ils envahissaient. En adoptant franchement ce système, en faisant alimenter la guerre par la guerre, il transformerait la pauvreté même en une incitation au combat. Il annonça cette intention à son armée sans le moindre déguisement : « Soldats, vous êtes nus et mal nourris, je vais vous conduire dans les plaines les plus fertiles du monde; de riches provinces, de grandes cités seront en votre pouvoir, vous y trouverez de l'honneur, de la gloire et de la richesse. » C'est ainsi que naquit, au cœur du soldat français, ce goût de la rapine qui le fit irrésistible, et cet instinct mercenaire qui le rendit plus tard si utile à Bonaparte.

Cet ordre du jour fut lancé de Nice, le

27 mars ; la marche en avant commença dans les premiers jours d'avril. Cette campagne, la première de Bonaparte, a été comparée à la dernière. De même qu'en 1815 il essaiera de séparer Blücher de Wellington avec l'espoir de les accabler tour à tour, il attaque maintenant avec plus de succès, d'abord les Autrichiens de Beaulieu, puis les Sardes de Colli. Il bat les Autrichiens à Montenotte, Millésimo et Dégo ; puis, le 15, il se tourne contre Colli et le défait à Ceva, puis à Mondovi. Presqu'en un instant, les calculs de Bonaparte sont justifiés. La Sardaigne, qui aurait pu faire une défense longue et obstinée derrière les fortifications de Turin, abandonne sur-le-champ une alliance dont elle était fatiguée, et signe, le 28, la convention de Chérasco, qui remettait ses principales forteresses entre les mains des Français. Ce que Napoléon avait si longuement rêvé, il venait de l'accomplir en un seul mois. Il s'occupa aussitôt de la conquête de la Lombardie.

Le mois de mai fut consacré à l'invasion. Le 7, il traverse le Pô à Plaisance ; le 10, à Lodi, il emporte de vive force le pont sur l'Adda, et comme l'archiduc qui gouvernait la Lombardie avait quitté Milan le 9, pour se retirer en Allemagne par Bergame, il entre à Milan le 15. Ce jour-là. Bonaparte dit à Marmont que ses succès n'étaient encore rien, en comparaison de ce qui lui était réservé. « De nos jours, ajouta-t-il, personne n'a rien conçu de grand : c'est à moi de donner l'exemple. » Il employa le mois de juin à consolider la conquête de la Lombardie, à rançonner le pays et à réprimer les insurrections qui éclataient parmi les Italiens étonnés de se trouver pillés par leurs libérateurs. A partir du milieu de juillet, la guerre, en ce qui concerne l'Autriche, devient une lutte pour la possession de Mantoue. L'Autriche fait des efforts désespérés et répétés pour faire lever le siège de cette forteresse qui domine le pays. En juin, elle retire du Rhin une de ses armées et un général qui s'était fait un renom dans la campagne précédente, Wurmser. Celui-ci arrive à Insprück le 26 juin, et rassemble 50,000 hommes dans le Tyrol. A la fin de juillet, il avance par les deux rives du lac de Garde et menace les communications de Bonaparte en occupant Brescia. Bonaparte abandonne le siège de Mantoue et se porte, avec toutes ses forces, à la rencontre de l'ennemi. A un certain moment, la position lui sembla tellement désespérée que, dans un conseil de guerre réuni pour prendre une résolution, il proposa de battre en retraite et de repasser l'Adda. Mais Augereau fit adopter l'avis de livrer bataille, et Bonaparte quitta la salle en déclarant que ce ne serait pas lui qui prendrait les mesures nécessaires pour l'exécution de cette détermination, et comme Augereau demandait qui donc donnerait des ordres. « Vous, » lui répondit-il. Bonaparte ne persista pas dans cette abstention. La bataille eut lieu, et les Autrichiens, défaits à Castiglione le 3 août, se retirèrent sur le Tyrol. Mais Mantoue avait été réapprovisionnée, et Bonaparte avait perdu toute son artillerie de siège.

Ayant reçu des renforts de France, au commencement de septembre, Bonaparte prit l'offensive contre Wurmser, et, après l'avoir battu à Bassano, le força à se jeter dans Mantoue avec ce qui lui restait de son armée (15 septembre).

A la fin d'octobre, l'Autriche avait assemblé une nouvelle armée de 50,000 hommes qui n'étaient, il est vrai, pour la plupart, que des recrues sans expérience. Cette armée fut placée sous les ordres d'Alvinzy. Bonaparte devait être écrasé entre ces forces nouvelles et celles de Wurmser, qui sortirait de Mantoue; mais, pas une marche de nuit, il tombe sur l'arrière-garde d'Alvinzy à Arcole. La surprise ne réussit pas, et la vie de Bonaparte fut un moment en grand danger. Cependant, après trois jours d'une lutte obstinée, les Autrichiens se retirèrent (15-17 septembre). C'est d'Arcole que, depuis, il data sa foi profonde en sa propre fortune. Cependant Mantoue tenait toujours, et au commencement de janvier (1797), Alvinzy fit une quatrième et dernière tentative pour la délivrer : mais il fut de nouveau complètement battu à Rivoli (14 janvier), et tout un corps d'armée autrichien, sous les ordres de Provera, mit bas les armes à Roverbella (16 janvier). En recevant la nouvelle de ce désastre, Wurmser conclut la capitulation par laquelle les Français étaient mis en possession de Mantoue (**2 février**).

§ 2. — Il agit comme un conquérant indépendant. — Il lève des contributions. — Sa politique italienne. — Marche vers l'Autriche. — Préliminaires de Léoben. — Occupation de Venise. — Fructidor. — Traité de Campo-Formio.

Telle fut cette campagne de Bonaparte contre l'Autriche, par laquelle il éleva d'un seul coup sa réputation au-dessus de celle de tous les autres généraux de la République, — Jourdan, Moreau ou Hoche. Mais il n'avait nullement agi comme un simple général de la République combattant l'Autriche. Il avait pris, dès l'abord, le rôle d'un conquérant indépendant qui n'est lié ni par les ordres de son gouvernement, ni par aucune des règles de la loi internationale ou de la morale.

Le commandant d'une armée victorieuse possède une force qui ne peut être tenue en échec que par un gouvernement ferme depuis longtemps établi. Un gouvernement nouveau, comme le Directoire, n'ayant aucune racine dans le pays, est impuissant devant un jeune vainqueur tel que Bonaparte. C'est en vain que le Directoire prépara un plan par lequel l'armée d'Italie devait être divisée entre Bonaparte et Kellermann, tandis que toute la diplomatie de la campagne serait confiée à Salicetti comme commissaire. Bonaparte vint à bout des manœuvres du Directoire aussi facilement que de celles de Beaulieu et de Colli. En réalité, à peine avait-il pris le commandement de son armée depuis quelques semaines, que le coup d'État de Brumaire était déjà dans son esprit. Mais nous voyons que, longtemps avant de s'aventurer à frapper le gouvernement existant, il s'en est complètement émancipé, et que ses actes sont ceux d'un chef indépendant, comme l'avaient été ceux de César en Gaule, ou de Pompée en Orient, tandis que la République romaine était encore nominalement

debout. Dès le mois de juin 1796, il disait à Miot :
« Les commissions du Directoire n'ont pas à se
mêler de ma politique ; je fais ce que je veux. »

Dès le début on avait compté rendre financièrement profitable l'invasion de l'Italie. Des contributions furent levées avec tant de rapacité
que, dans le duché de Milan, où les Français
s'étaient présentés comme des frères et des
libérateurs, éclata bientôt contre eux une révolte que Bonaparte réprima avec la cruauté
sans merci dont il fit toujours preuve dans des
cas semblables. Il tint la promesse de sa première proclamation, et donna la richesse à son
armée. « Dès ce moment, écrit Marmont, la
partie principale des appointements et de la
solde fut payée en argent. Cette mesure amena
un grand changement dans la situation des officiers, et même, jusqu'à un certain point, dans
leurs manières. L'armée d'Italie était à cette
époque la seule qui eût échappé à cette misère
sans précédents que toutes nos armées endurè-
rent si longtemps. » Il paraît que le montant
des confiscations fut énorme. En outre des
contributions levées directement sur le territoire conquis, Bonaparte eut à sa disposition
les domaines des gouvernements dépossédés,
ainsi que les revenus et propriétés des églises

et des hôpitaux. Il y a des raisons de croire
qu'on ne fit jamais entrer en compte qu'une
petite portion de ce butin. Il tomba dans la
caisse de l'armée, dont Bonaparte garda le contrôle, et l'insistance qu'il mit à corrompre ses
officiers est attestée par Marmont. Il raconte
que Bonaparte fit passer un jour une grosse
somme entre ses mains, et que, comme il prenait grand soin d'en rendre un compte exact,
les officiers ayant alors *une fleur de délicatesse*.
Bonaparte le blâma de ne l'avoir pas gardée
pour lui.

A mesure qu'il se rendait financièrement indépendant du gouvernement, il commençait
aussi à développer une politique indépendante.
Jusqu'ici il n'avait pas eu de politique et s'était
contenté de répéter les formules du jacobinisme
qui était alors le parti dominant; désormais il
adopte une direction, qui n'est pas tout à fait
celle du gouvernement. Déjà, en juin 1796, il
avait envahi les territoires du pape et conclu, à
Bologne, une convention par laquelle il arra-
chait 15 millions au Souverain Pontife; immédiatement après la chute de Mantoue il pénétra
de nouveau dans les États de l'Église et conclut,
le 19 février, le traité de Tolentino. Nous
voyons avec quelle aisance il combine la diplo-

matie avec la guerre : le 5 octobre, il écrit sans déguisement au Directoire : « Vous encourez la plus grande responsabilité, toutes les fois que votre général en Italie ne reste pas le centre de toutes choses. » Dans le cas actuel, en traitant avec le pape, il sépare nettement sa politique de celle du Directoire : outre Avignon et le Venaissin, il demande la cession de Bologne, Ferrare, la Romagne, et l'occupation temporaire d'Ancône. Mais en traitant avec le pape, il le reconnaît, et il se montre plein d'une bienveillance inattendue envers la religion catholique et le clergé. La religion ne devra subir aucune atteinte dans les territoires cédés, et Bonaparte étend sa protection de la manière la plus éclatante sur les *Prêtres insermentés*, qu'il rencontre en grand nombre dans les États de l'Église. Ceci avait d'autant plus d'importance que ces prêtres étaient alors, en France, l'objet de la plus violente persécution. Nous voyons ici la première indication de la politique du Concordat, mais c'est aussi la marque de l'indépendance de la situation de Bonaparte, situation qui était plutôt celle d'un prince que d'un fonctionnaire responsable ; bien plus, c'est l'indice d'une intention délibérée de se poser en rival du gouvernement.

Sa manière de conduire la guerre était aussi extraordinaire que ses relations avec le gouvernement, et présageait tout aussi bien la période napoléonienne. Il n'agissait pas comme un belligérant civilisé, mais comme un conquérant de l'univers. La Révolution avait fait litière de toutes les lois internationales. En proclamant une espèce de croisade contre la monarchie, elle s'était donné un prétexte pour attaquer également tous les États, car la plupart étaient monarchiques ou au moins aristocratiques. Dans la campagne d'Italie, comme dans les guerres qu'il fit plus tard, Bonaparte ne reconnaît pas de neutralité. Le premier des États qui conclut un traité avec la République française, la Toscane, n'est pas, par ce fait, sauvée de l'invasion. Les troupes de Bonaparte l'envahissent, prennent possession de Livourne, et saisissent toutes les marchandises anglaises trouvées dans ce port. Mais le traitement que subit Venise est encore plus remarquable. Le territoire de cette République est transformé, sans cérémonie, en un champ de bataille entre la France et l'Autriche ; et, à la fin de la guerre, la République vénitienne est effacée de la carte du monde.

De plus, on doit remarquer le curieux développement qu'il donne au principe du pillage.

La détresse financière de la France, et la pauvreté de l'armée à l'ouverture de la campagne peuvent expliquer bien des actes isolés de spoliation, mais il introduisit alors l'usage d'envoyer en France les peintures et les statues des palais et des galeries de l'Italie. Ce singulier retour aux modes primitifs et barbares de faire la guerre devient plus frappant encore quand nous réfléchissons que le spoliateur de l'Italie était lui-même un Italien.

Dans leur ensemble, ces campagnes mirent en lumière une personnalité entièrement sans précédents dans l'histoire moderne de l'Europe. Il est vrai que la Révolution dont elle sortait, et les circonstances qui l'entouraient l'étaient tout autant. Marmont remarque à cette époque le développement rapide et continu qui s'opérait dans l'intelligence de Bonaparte. « Chaque jour, écrit-il, il semblait qu'il vît s'ouvrir devant lui un nouvel horizon. » Un homme plein d'ambition comprenait tout à coup qu'une carrière absolument incomparable s'ouvrait devant lui, s'il pouvait seulement trouver en lui-même assez d'audace, assez d'énergie et assez peu de scrupule pour l'entreprendre. N'oublions pas d'ailleurs qu'il venait de vivre pendant trois années au milieu d'horreurs et de désordres assez grands pour anéantir en lui tout principe, toute croyance et toute contrainte. Déjà, au 13 vendémiaire, nous le trouvons sous l'impression d'une confiance fataliste en sa propre fortune : « Je n'ai reçu aucune blessure; j'ai toujours de la chance », écrit-il. Et il y a des motifs de croire que la manière miraculeuse dont il échappa à la mort à Arcole fit encore grandir cette confiance dans son esprit naturellement porté à la superstition.

A mesure que les vues politiques personnelles de Bonaparte commencent à se faire jour, il dépouille peu à peu son jacobinisme, et même son républicanisme. Déjà, en mai 1797, il disait à Miot et à Melzi : « Croyez-vous que je gagne des victoires en Italie pour la plus grande gloire des avocats du Directoire, pour Carnot, pour Barras? Supposez-vous que je pense à fonder une République? Quelle idée! Une République de trente millions d'âmes! avec nos mœurs, nos vices! Comment cela serait-il possible? Il faut à la nation un chef; un chef couvert de gloire; et non des théories de gouvernement, des phrases, des rêves d'idéologues, que les Français ne comprennent pas. Il leur faut quelques jouets : c'est bien assez; ils s'en amuseront et se laisseront conduire, si on s'y prend avec assez d'habileté pour qu'ils ne voient pas le but vers lequel on les dirige. » Il méprisait les Français, tels que les avait faits l'influence de la cour de Versailles et des salons de Paris, et il les croyait sincèrement incapables de se faire aux institutions républicaines. C'était la pensée d'un Corse, habitué à des modes d'existence plus primitifs et plus virils ; nous la retrouvons dans ses premières lettres, écrites bien avant que l'idée de devenir lui-même le maître de la France fût entrée dans son esprit.

Lorsque la chute de Mantoue eut affermi la puissance des Français dans l'Italie du Nord, la pensée immédiate de Bonaparte fut d'aller frapper l'Autriche au cœur en s'appuyant sur cette nouvelle base. Dès le commencement de mars, après avoir assuré sa position en Italie par le traité de Tolentino avec Rome, et par un traité avec la Sardaigne, il mit ses troupes en mouvement. Il envoya Joubert dans le Tyrol avec 18,000 hommes, tandis qu'il se préparait à marcher en personne sur Vienne par le Frioul, la Carinthie et la Styrie. Mais il restait encore une ressource à l'Autriche. L'année 1796, qui avait donné Bonaparte à la République française, l'avait gratifiée, elle aussi, d'un grand général. L'archiduc Charles, qui avait succédé à Clerfayt en Allemagne, et que le départ de Wurmser

pour l'Italie avait laissé dans l'incapacité absolue
de résister aux Français quand ils prirent l'offensive, en juin, sous les ordres de Jourdan et
de Moreau, accomplit en automne un chef-
d'œuvre de stratégie. Presqu'au moment même
où Bonaparte gagnait la bataille de Bassano, il
gagnait celle de Würzburg, et, à la fin d'octobre,
il avait obligé les deux armées françaises à repasser le Rhin. Alors on l'appela pour arrêter
l'autre invasion, qui menaçait l'Autriche du côté
du Midi.

Mais au lieu de l'autoriser à se saisir d'une
forte position dans le Tyrol, afin d'y attendre
des renforts, on lui ordonna de marcher vers le
Frioul, quoique ses troupes fussent insuffisantes
et démoralisées. Bonaparte les délogea de la
ligne du Tagliamento, puis de celle de l'Isonzo,
et continua sa marche avec fermeté, jusqu'à ce
qu'il atteignit Léoben, en Styrie, le 13 avril.
Mais il sentait bien que sa position était hasardée,
d'autant plus qu'il n'était pas secondé par un
mouvement en avant des armées du Rhin. C'est
pourquoi il avait lui-même, dès le 31 mars,
proposé des négociations à l'archiduc. A Léoben
on conclut un armistice de six jours.

Les préliminaires de Léoben furent signés
le 18 avril; ce fut le commencement d'une négo-

ciation longue et difficile, qui ne fit qu'amener un renouvellement de la guerre à la fin de 1798. Les préliminaires subirent ensuite de nombreuses modifications par le traité de Campo-Formio, qui fut lui-même bientôt abandonné. Le prix de la guerre fut la Belgique, que céda alors l'Autriche. On aurait pu s'attendre à voir, en retour, le gouvernement français rendre à l'Autriche les conquêtes de Bonaparte en Italie; il n'en fut rien, et l'on établit une République Cisalpine, nominalement indépendante, mais en réalité soumise, comme la République Batave, à la tutelle de la France. Cependant Bonaparte, ainsi qu'il l'a dit lui-même, n'était pas en position de dicter les conditions de la paix. En conséquence il accorde à l'Autriche, comme indemnité, les possessions de la République de Venise sur la terre ferme, jusqu'à l'Oglio, ainsi que l'Istrie et la Dalmatie. C'est là un nouveau partage de la Pologne! La République de Venise était un État neutre, mais sa neutralité avait été absolument dédaignée par Bonaparte pendant la guerre, et comme son territoire avait été foulé aux pieds sans scrupule par les troupes françaises, une certaine irritation était naturellement née chez les Vénitiens; d'où, des querelles avec les Français; puis, du côté des Français, une attaque contre le gouvernement aristocratique de Venise, et l'établissement d'une démocratie. Le résultat de toute cette série de luttes fut que l'empire vénitien se trouva être un territoire conquis, que la France, dans le traité qui suivit, crut pouvoir céder en échange d'un avantage quelconque.

Cette partie des préliminaires ne touchait pas à l'Empire germanique, mais seulement aux possessions héréditaires de l'Autriche. Mais le reste du traité s'occupait aussi de l'Empire, et, ici, les clauses se trouvaient témérairement et, comme on le vit, fatalement ambiguës. D'une part la France admettait l'intégrité de l'Empire, d'autre part l'empereur acceptait les limites de la France telles qu'elles étaient décrétées par les lois de la République. Peut-être aucune des deux parties contractantes ne se rendait exactement compte de l'incompatibilité de ces concessions; peut-être aussi, s'en doutaient-elles toutes les deux.

Après de si nombreuses défaites, cet arrangement, tout arbitraire qu'il fût, dut sembler à l'Autriche plus satisfaisant qu'elle ne l'espérait. Elle cherchait depuis trente ans comment elle pourrait échanger la Belgique contre une province plus convenablement située; la Bavière avait été la première compensation choisie, mais l'empereur Joseph avait aussi jeté les yeux sur Venise. L'Autriche venait de perdre la Belgique par la fortune de la guerre; mais, au dernier moment, l'équivalent même qu'elle désirait était jeté dans ses bras.

Bonaparte passa l'été de 1797 à Montebello, près de Milan. Il s'y façonna au rôle d'empereur, forma sa cour, et s'habitua à tenir en main les rênes du gouvernement. Il était alors principalement occupé à dissoudre la République de Venise. Dès le commencement du printemps, il avait provoqué des insurrections à Brescia et Bergame. En avril, l'attitude hautaine d'un officier français fit éclater à Salo une révolte dont Junot, envoyé par Bonaparte, vint, le 15, demander satisfaction au Sénat. Les Français tentèrent alors de désarmer toutes les garnisons vénitiennes qui restaient sur la terre ferme, ce qui fut, à Vérone, la cause d'une révolte dans laquelle quelques centaines de Français furent massacrés (17 avril). Le 19, un des forts de Venise tira sur un navire français qui ne voulait pas se soumettre aux ordres de la douane du port du Lido. Bonaparte déclara alors qu'il serait pour Venise un nouvel Attila, et fit paraître un manifeste dans le véritable style révo lutionnaire. Le faible gouvernement de Venise ne pouvait que se soumettre. Une révolution éclata dans la ville, et les troupes françaises en prirent possession. Le 16 mai, Bonaparte conclut un traité « établissant la paix et l'amitié entre la République française et la République de Venise » et annonçant que « l'occupation française cesserait dès que le nouveau gouvernement aurait déclaré qu'il n'avait plus besoin de secours étrangers ». « Le but principal de ce traité, comme Bonaparte l'expliqua franchement au Directoire, était d'obtenir sans obstacles la possession de la ville, de l'arsenal, et de toutes choses. » Au moment même où il déclarait ainsi l'amitié de la France pour Venise, il cédait, comme nous l'avons vu, le territoire de Venise à l'Autriche.

Quand on lit les lettres qu'il écrivait à cette époque, on voit que, moins d'un an après avoir pris pour la première fois le commandement d'une armée, il porte déjà dans son esprit les plus hautes conceptions qu'il réalisa plus tard. Si une vision lui avait alors présenté le tableau de ce qu'il devait être à son zénith, en 1812, quand il était devenu l'étonnement et la terreur du monde, il aurait dit probablement que cette situation était au-dessous de ses espérances.

Les préliminaires de Léoben avaient laissé tant d'importantes questions pendantes ou réglées d'après des prévisions douteuses, qu'ils furent tacitement abandonnés par les deux partis. La chute de Venise, en mai, suggéra un arrangement différent. On pouvait donner maintenant à l'Autriche, la ville aussi bien que la terre ferme, et, en retour, elle pouvait faire de nouvelles concessions. Elle cessait, à ce moment, d'avoir les yeux tournés vers l'Angleterre, qui avait entamé une négociation séparée, et elle consentit à accepter une nouvelle base. La seconde négociation commença à la fin d'août, et aboutit au traité de Campo-Formio, vers le milieu d'octobre.

En échange de Venise, Bonaparte est résolu à obtenir la frontière du Rhin du côté de l'Allemagne; et, en Italie, celle de l'Adige au lieu de l'Oglio. Mais les conférences venaient de commencer quand arriva la révolution de fructidor qui eut pour effet de raviver, dans les idées du gouvernement français, la frénésie guerrière du temps de la Convention. La négociation avec l'Angleterre fut rompue, et Bonaparte reçut l'ordre formel d'exiger de l'Autriche toutes les concessions, sans céder Venise. Une grande partie du mois de septembre est occupée par la lutte entre le général et son gouvernement. Elle se termine, comme on pouvait s'y attendre, par la soumission des directeurs qui sont amenés à reconnaître combien ils ont besoin de Bonaparte, et combien peu Bonaparte a besoin d'eux.

Le 27 septembre (1797) commence un nouveau duel diplomatique entre Bonaparte et Cobentzel, l'éminent diplomate autrichien. A ce moment Bonaparte réside à Passariano, dans une villa appartenant au doge Manin. et les conférences ont lieu dans le voisinage, à Udine. Cobentzel combat pour l'intégrité de l'Empire, mais son gouvernement est secrètement décidé à n'en pas faire une condition *sine qua non*, s'il reçoit en Italie une indemnité suffisante pour la maison d'Autriche. Ce furent ces instructions, plutôt que les manières impérieuses de Bonaparte, qui le firent céder à la fin, et pourtant la fameuse histoire du vase de porcelaine brisé, n'est peut-être pas sans quelque fond de vérité. Du moins les dépêches de Cobentzel abondent-elles en plaintes sur sa conduite inconvenante et ses gasconnades. Un jour « il ne cesse d'absorber des verres d'eau-de-vie », un autre jour, il est « évidemment ivre »; dans une troisième séance, il confie à Cobentzel « qu'il se sent l'égal de n'importe quel roi du monde ».

4.

A la fin il réussit à dominer son gouvernement comme celui de l'Autriche, et le traité qui fut signé le 17 octobre, et qui prend son nom de petit village de Campo-Formio (plus correctement Campo-Formido), tout près d'Udine, décida du sort du Saint Empire Romain. Il donnait Venise, l'Istrie, la Dalmatie, et tout le territoire vénitien au delà de l'Adige, à l'Autriche ; fondait la République Cisalpine, et réservait pour la France, outre la Belgique, Corfou et les îles Ioniennes. Un congrès devait s'ouvrir à Rastatt, et l'Autriche s'engageait, par un article secret, à agir de son mieux pour faire céder la rive gauche du Rhin à la France par le corps germanique. En gardant les îles Ioniennes, Bonaparte donnait la première indication de son dessein d'ouvrir la question d'Orient.

§ 3. — La révolution de fructidor.

Cependant une nouvelle révolution avait eu lieu en France. Le fanatisme jacobin venait de commencer un nouveau règne, qui devait durer jusqu'au jour où Bonaparte, qui avait beaucoup fait pour l'amener, vînt y mettre fin. Voici comment cela s'était passé.

La résistance que Bonaparte avait dissipée

par le canon de vendémiaire, s'était bien vite reproduite, comme on pouvait bien s'y attendre. Une république jacobine et régicide avait à se maintenir au milieu d'une nation qui n'était rien moins que jacobine, et qui avait des assemblées représentatives. Ces assemblées, dont le second tiers venait d'être renouvelé au printemps de 1797, placèrent Pichegru, que l'on soupçonnait de royalisme, dans le fauteuil du président de l'Assemblée des Cinq-Cents, et l'Europe commença à se demander si la Restauration des Bourbons n'était pas imminente. Bonaparte, pendant son séjour à Montebello, crut s'apercevoir que les négociateurs autrichiens cherchaient à traîner les choses en longueur.

Le nouveau parti n'était peut-être pas absolument royaliste; son représentant le plus en vue, le directeur Carnot, était lui-même un régicide. La majorité de ce parti ne tendait qu'à obtenir un gouvernement respectable et la paix; mais la minorité pouvait être soupçonnée de royalisme. Ce soupçon fut fatal au parti tout entier, parce que le royalisme était à ce moment entièrement discrédité par les folies des émigrés. Une clameur s'éleva dans l'armée. Nous pouvons mesurer le progrès continu qui avait été fait par le militarisme depuis vendémiaire : à cette époque l'armée avait été un instrument dans les mains du gouvernement; maintenant c'est elle qui ordonne, et c'est le gouvernement qui obéit. Les armées du Rhin, représentées par Hoche, s'opposent à ce mouvement de réaction : quant à Bonaparte, il est poussé dans la même voie par la nécessité de se défendre. Un député, nommé Dumolard, avait appelé l'attention sur le traitement monstrueux qu'il avait fait subir à la République de Venise, et avait devancé le jugement de l'histoire en le comparant au partage de la Pologne. Bonaparte avait déjà confié à un ami qu'il méprisait le républicanisme, mais cette attaque fit de lui, une fois de plus, au moins par occasion, un républicain et un jacobin. Il est d'ailleurs probable qu'il aurait dans tous les cas pris parti pour la majorité du Directoire, parce que tout ce qui favorisait les Bourbons était un obstacle à son ambition. Ainsi les armées de la République étaient unies contre la tendance de l'opinion publique dans le pays lui-même. Le pouvoir militaire prenait parti contre le gouvernement parlementaire, se croyant — tant était grand le trouble intellectuel de l'époque — plus attaché à la souveraineté du peuple que le peuple lui-même, et ne s'apercevant pas qu'il préparait ainsi la voie au despotisme.

La catastrophe eut lieu le 18 fructidor (4 septembre 1797). Bonaparte envoya à Paris l'un de ses généraux de division, Augereau, qui entoura le Corps législatif avec 12.000 hommes, et arrêta les représentants les plus importuns, tandis qu'un autre détachement de l'armée marchait sur le palais du Luxembourg, mettait en arrestation le directeur Barthélemy, et aurait emprisonné Carnot lui-même, si ce dernier, prévenu à temps, ne s'était échappé. Ce coup d'État fut suivi d'une proscription à outrance du parti vaincu; un grand nombre de ses partisans, tant membres des Conseils que journalistes, furent transportés à Cayenne où ils moururent, et les élections furent annulées dans quarante-huit départements.

Tel fut le coup d'État de fructidor, qui peut être considéré comme la troisième des révolutions qui composent l'événement complexe connu habituellement sous le nom de Révolution française. En 1789 la monarchie absolue avait fait place à une monarchie constitutionnelle, qui fut définitivement établie en 1791. En 1792 la monarchie constitutionnelle tomba et fut remplacée par une république qui fut définitivement établie en 1795. Depuis 1795. on admettait que la Révolution était terminée et que la France vivait sous une Constitution. Mais en fructidor. cette Constitution aussi s'écroule. et le gouvernement redevient révolutionnaire. Il fallait évidemment une troisième Constitution; il était évident aussi que cette Constitution devait fonder un gouvernement militaire, c'est-à-dire un *impérialisme*; mais ce ne fut fait que deux ans plus tard.

Les bénéfices de ce changement furent. en fin de compte. recueillis par Bonaparte. Naturellement, il favorisa le mouvement et y contribua pour une grande part. Mais il semble que ce soit une exagération de le présenter comme le promoteur exclusif ou même principal de fructidor. Hoche prit parti dans le même sens que lui. Augereau alla beaucoup plus loin (et cependant Augereau, à cette époque, n'était nullement un simple écho de Bonaparte). la division de l'armée d'Italie commandée par Bernadotte. qui avait été récemment détachée de l'armée de Sambre-et-Meuse, et qui restait assez en dehors de l'influence de Bonaparte. se rallia à lui dans cette circonstance. En réalité le parti naissant des modérés avait offensé l'armée tout entière en prenant la paix pour mot de ralliement. En dehors des armées, il y eut une profonde alarme dans tout le parti républicain. Ainsi l'entourage de Mme de Staël fut nettement fructidorien; et il ne subissait certes point l'influence de Bonaparte, quoique Mme de Staël fût alors au nombre de ses plus ferventes admiratrices. Quand le coup eut été frappé, Bonaparte sut en tirer le plus grand parti possible et faire comprendre sa véritable portée en montrant qu'il était fatal à la fois aux modérés et au gouvernement républicain lui-même, qui venait d'abandonner la légalité et de rentrer dans la voie révolutionnaire; et, qu'au fond, il n'était favorable qu'au pouvoir militaire et à l'impérialisme naissant. Il félicita les armées sur la chute « des ennemis du soldat et spécialement de l'armée d'Italie », tout en n'accordant au Directoire que l'approbation la plus réservée.

La mort de Hoche, qui survint bientôt après, débarrassa Bonaparte du seul rival qui pût lui disputer l'affection de la soldatesque déjà omnipotente. Hoche seul, parmi les autres généraux, avait montré des capacités politiques; s'il avait vécu plus longtemps, il aurait pu jouer avec succès le rôle dans lequel échoua plus tard Moreau.

§ 4. — Retour à Paris. — Expédition d'Égypte. — Invasion de la Syrie. — Retour en France.

Bonaparte quitta alors l'Italie ; il partit de Milan le 17 novembre ; fit en passant une courte visite à Rastadt où le congrès venait de s'assembler, et arriva à Paris le 5 décembre. Qu'allait tenter maintenant l'homme qui, à vingt-sept ans, avait conquis l'Italie, et mis fin, pour un temps au moins, à la plus mémorable des guerres continentales des temps modernes? D'après un discours qu'il fit le 10 décembre, à l'occasion de sa réception par le Directoire, il semble qu'il avait deux grandes pensées dans l'esprit : 1° Faire une révolution en France « quand le bonheur du peuple français aura pour base les meilleures (ou plutôt de meilleures) lois organiques, l'Europe entière deviendra libre » ; 2° Émanciper la Grèce « les deux plus belles parties de l'Europe, autrefois si illustres par les arts, les sciences, et les grands hommes dont elles furent le berceau, voient avec les plus hautes espérances, le génie de la Liberté sortir des tombeaux de leurs ancêtres. » Il avait encore quelques mois devant lui pour organiser l'exécution de ces plans. Le Directoire, ne voyant de sûreté qu'à lui donner une occupation, lui confia la direction de la guerre contre l'Angleterre. Le voici donc devenu « général en chef de l'armée d'Angleterre ». L'examen qu'il fit de la politique intérieure le jeta bientôt dans la perplexité. Allait-il se faire nommer directeur, en se procurant la dispense de la règle exigeant pour les directeurs plus de quarante ans d'âge ? Il ne put se décider à rien, ne se sentant pas prêt à se mêler aux luttes des partis en France. Sa conclusion fut donc que « la poire n'était pas mûre », et il se tourna de nouveau vers des entreprises de guerre susceptibles d'élever encore sa réputation pendant le temps (un an ou deux) que mettrait le Directoire à se ruiner dans l'opinion. Il lui sembla possible de combiner la guerre contre l'Angleterre avec le plan de conquête de l'Orient qui, dit-on, lui avait été suggéré par Monge à Passariano. Pendant la dernière guerre entre la Russie et la Turquie, quelques publicistes (parmi eux Volney, qui était en relations avec Bonaparte), avaient recommandé à la France d'abandonner son ancienne alliance avec la Turquie et de s'entendre avec la Russie pour en partager les dépouilles. C'est ce qui fit naître, dans l'esprit de Napoléon, la pensée de s'emparer de la Grèce ; la dissolution de l'Empire vénitien semblait faire entrer la réalisation de cette pensée dans le domaine du possible. Dès lors, comme chef de l'armée d'Angleterre, il fixa aussi ses regards sur l'Égypte. Dans l'Inde, la France n'avait pas encore perdu tout espoir : cependant l'Angleterre venait de s'emparer du cap de Bonne-Espérance. En conséquence, pour sauver ce qui restait de ses établissements dans l'Inde, la France devait occuper l'Égypte. Elle devait non seulement la conquérir, mais la coloniser « si quarante ou cinquante mille familles européennes se fixaient en Égypte, avec leurs industries, leurs lois, et leur administration, l'Inde serait bientôt perdue pour l'Angleterre, par la puissance des événements bien plus que par la force des armes ». D'après ce plan, la Turquie devait être partagée dans le cours de la guerre contre l'Angleterre, comme Venise avait disparu dans le cours de la guerre avec l'Autriche.

On pouvait objecter à ce plan que tout commencement d'exécution ne pouvait manquer d'allumer en Europe une nouvelle guerre, plus universelle que celle dont on venait à l'instant de voir la fin. Mais il était évident déjà que le traité de Campo-Formio n'amènerait pas une pacification durable. En effet, la marche du militarisme en France ne pouvait pas être arrêtée

un seul instant; il ne se passait guère de mois qui
ne fût marqué par quelque nouvelle agression ou
annexion. Au printemps de 1798, l'antique constitution de la Suisse fut détruite. Les troupes
françaises entrèrent à Berne et saisirent un trésor de 40 millions de francs. En même temps
on se fit une querelle avec le gouvernement du
Pape : ce gouvernement fut renversé, le trésor
pillé, et le pape Pie VI, un vieillard, emmené en
captivité. C'est là, dit Berthier, ce qui nous
fournit l'argent nécessaire à la campagne d'É-
gypte. Mais d'autre part, l'Europe fut complètement soulevée; l'Angleterre parvint à répondre à l'attaque qui la menaçait en formant une
nouvelle coalition, et au commencement de mai,
trois semaines avant que Bonaparte mît à la
voile, la probabilité d'une nouvelle guerre continentale était déjà si grande qu'il écrivit pour
le général Brune un plan de défense de l'Italie
contre des forces autrichiennes supérieures.

Mais n'était-ce pas folie de la part du Directoire d'exiler ainsi Bonaparte, avec 30,000 soldats, et les généraux Murat, Berthier, Desaix,
Kléber, Lannes et Marmont, à la veille d'une
nouvelle lutte contre l'Europe? Cette critique
nous est irrésistiblement suggérée par le résultat. On sait que la flotte anglaise coupa la route

de retour à l'expédition, et que Bonaparte lui-même ne parvint à rentrer en France que par une bonne fortune miraculeuse. Mais si le gouvernement français avait été capable de prévoir ces résultats, il aurait également compris que l'entreprise n'était pas seulement téméraire, à ce moment particulier, mais essentiellement impraticable. La flotte anglaise, en effet, ne se borna pas à couper la route à l'expédition, mais elle fit échouer toutes ses entreprises, reconquit l'Égypte ainsi que Malte, et força Bonaparte à évacuer la Syrie. Il semble qu'on ne s'attendait pas le moins du monde à l'énergique intervention de l'Angleterre. D'après les lettres écrites par Bonaparte à bord de l'*Orient*, il paraît qu'il ne se rendait pas suffisamment compte du risque terrible auquel il s'exposait; il faut se rappeler que la supériorité de la marine anglaise n'avait pas encore été clairement établie, et que, jusque-là, le nom de Nelson ne s'était pas encore rendu redoutable. Mais il paraît aussi probable que toute l'entreprise reposait sur la supposition que l'Angleterre s'était retirée de la Méditerranée. Elle avait abandonné la Corse, et avait été forcée, par l'alliance des trois puissances maritimes, la France, l'Espagne et la Hollande, à employer toutes ses forces navales au blocus

des ports situées à l'ouest du continent, de
Cadix au Texel. A mesure que l'Angleterre s'é-
tait retirée, la France avait fait un pas en
avant. Elle était maîtresse de Corfou, d'Ancône,
de Gênes et de la Corse. Tout cela, elle l'avait
acquis sans opposition de l'Angleterre, et c'était
avec confiance qu'elle procédait maintenant à
compléter son empire sur la Méditerranée en
établissant des stations à Malte et à Alexandrie.
Bonaparte n'avait certainement pas l'intention
de s'exiler; les vastes plans dont il faisait parade ne devaient pas être exécutés par lui-
même, en personne, mais bien par la colonie
égyptienne qu'il devait fonder; car, non seulement il avait promis de revenir en octobre, mais
au moment même de son départ, il avait donné
des instructions à son frère Joseph afin de se
faire préparer une maison de campagne en
Bourgogne pour l'automne prochain. Il mit à
la voile le 19 mai, après avoir stimulé le zèle de
son armée, qu'il appelait « une des ailes de
l'armée d'Angleterre », en promettant que chaque soldat, à son retour, serait assez riche pour
acheter « six arpents de terre » (le Directoire
fut obligé de nier l'authencité de cette proclamation), et évitant Nelson qui avait été poussé
par une tempête jusqu'à l'île Saint-Pierre dans

les eaux de la Sardaigne, il arriva le 9 juin devant Malte, où il avait été précédé par une escadre venue de Civita-Vecchia et une autre d'Ajaccio. Malte était sous l'autorité des chevaliers de Saint-Jean de Jérusalem, qui reconnaissaient le roi de Naples pour leur supérieur féodal, et le czar pour leur protecteur. Les attaquer, c'était provoquer directement une guerre immédiate entre la France d'une part, Naples et la Russie de l'autre. Bonaparte demanda pour sa flotte l'entrée du port ; sur la réponse que les traités qui garantissaient la neutralité de Malte ne permettaient pas d'admettre plus de quatre navires, il attaqua sans retard, comme il en avait d'ailleurs reçu l'ordre formel du Directoire. La population se révolta contre les chevaliers: le grand maître, Hompesch, ouvrit des négociations, et le 12 juin, Bonaparte entra à La Valette. Il parle avec enthousiasme de la force et de l'importance de la position dont il vient de s'emparer. « C'est la place la plus forte de l'Europe; ceux qui voudraient nous en déloger le payeraient cher ». Il passa quelques jours à organiser un nouveau gouvernement pour l'île et reprit la mer le 19. Le 2 juillet, il date son premier ordre du jour d'Alexandrie.

Pendant sa route, nous le voyons occupé à

poursuivre son projet précédent d'émancipation
de la Grèce. Ainsi, de Malte, il fait partir Lava-
lette avec une lettre pour Ali-Pacha de Janina.
Son plan semble donc embrasser à la fois la
Grèce et l'Égypte; ainsi il se regarde comme le
maître incontesté de la mer, presque comme
si la flotte anglaise n'existait pas. Mais l'erreur
de ce calcul devint bientôt manifeste. Bonaparte lui-même, après avoir occupé Alexandrie,
partit le 8 et marcha sur le Caire; il défit les
Mamelucks, d'abord à Chebreiss, puis à Emba-
beh, en vue des Pyramides; l'ennemi perdit
2,000 hommes, et les Français n'eurent guère
que 20 ou 30 tués et 120 blessés. Le 24, il
est au Caire, où il s'établit presque sans interruption jusqu'en février 1799. Mais une semaine
après son arrivée au Caire, la flotte qui l'avait
amené de France, sous les ordres de l'amiral
Brueys, fut détruite par Nelson dans la baie
d'Aboukir. Pour la première fois, dans le rapport de cet événement au Directoire, il semble
que Bonaparte ait enfin découvert que les Anglais sont les maîtres de la mer. Le grand projet est ruiné par ce seul coup. La France se
retrouve en guerre avec presque toute l'Europe,
y compris la Turquie (car l'espoir qu'avait
Bonaparte de tromper le sultan en se présen-

tant comme le défenseur de la cause des Turcs contre les Mamelucks, fut entièrement déçu) et ses meilleurs généraux, avec une armée d'élite, sont emprisonnés sur un autre continent. Il était encore possible de produire une impression sur la Turquie d'Asie, sinon sur la Turquie d'Europe. Les Turcs préparaient une armée en Syrie, et, en février 1799, Bonaparte prévint leur attaque en envahissant la Syrie avec 12.000 hommes environ. Il prit El-Arish le 20, puis Gaza, et arriva devant Jaffa le 3 mars. La ville fut prise d'assaut, et le massacre commença : mais, malheureusement pour la réputation de Bonaparte, il fut arrêté par quelques officiers : les Français firent donc plus de 2.000 prisonniers. Bonaparte ne voulant ni leur fournir des vivres, ni leur laisser la liberté, donna l'ordre à l'adjudant général de les conduire au bord de la mer et de les fusiller, en prenant les précautions nécessaires pour qu'aucun ne s'échappât. Ce fut fait. « Maintenant, écrit Bonaparte, il reste Saint-Jean d'Acre. » Cette forteresse était le lieu de résidence du pacha Djezzar. Elle est placée sur le bord de la mer, ce qui permettait aux Anglais d'intervenir. L'amiral sir Sidney Smith, qui commandait une escadre sur la côte, ouvrit le feu contre les Français au moment où

ils approchaient du rivage : à sa grande surprise on ne répondit à ses boulets que par des
balles. Il devina aussitôt que l'artillerie de siège
devait venir d'Alexandrie par mer, et il ne tarda
pas à découvrir et à capturer les navires qui la
portaient. Le 19 mars, Bonaparte est devant
Saint-Jean d'Acre, mais la place reçoit des
approvisionnements par mer, elle a le secours
des vaisseaux anglais, tandis que l'armée française manque d'artillerie. Bonaparte est arrêté
là pendant deux mois, et se retire enfin sans
pouvoir forcer le passage. Cet échec, dit-il,
changea la destinée du monde ; car d'après ses
prévisions, la chute de Djezzar aurait été suivie
de la soumission de toutes les tribus sujettes,
Druses et Chrétiens, qui lui auraient fourni une
armée toute prête, pour la conquête de l'Asie.

L'échec avait été en partie racheté par une
victoire gagnée en avril sur une armée qui, de
l'intérieur, avait marché au secours de la place
sous les ordres d'Abdallah-Pacha, et que Bonaparte défit dans la plaine d'Esdraelon. Cette
affaire prend habituellement le nom de bataille
du Mont-Thabor. La retraite commença au milieu de mai ; ce fut en petit la retraite de Moscou,
la chaleur et la peste tenant la place du froid et
des Cosaques. Le 24, il arrive à Jaffa, d'où il

adresse son rapport au Directoire; il explique qu'il a pris par raison le parti de ne pas entrer à Saint-Jean d'Acre, parce qu'il avait appris que la peste ravageait la ville. A partir du 14 juin, les lettres sont de nouveau datées du Caire. Son second séjour en Égypte dure deux mois, qui furent employés partie à chasser le chef détrôné des Mamelucks, Murad-Bey, partie à combattre une nouvelle armée turque, qui arriva en juillet dans la baie d'Aboukir. Il lui infligea une défaite écrasante non loin du lieu où elle avait débarqué : d'après son propre récit, près de 9.000 Turcs furent noyés. Cette victoire masqua l'échec final de son expédition en Asie Mineure. Ce revers était si grave qu'il aurait porté un coup sérieux à la réputation même de Bonaparte, dans un pays jouissant de la liberté de la presse, où la responsabilité aurait pu lui en être justement attribuée, et où les faits auraient pu être discutés.

Pour une année de guerre, pour la perte d'une flotte, de 6.000 soldats et de plusieurs officiers généraux de distinction (Brueys, Caffarelli, Cretin), pour les désastreuses défaites subies en Europe, qui auraient pu être évitées par la présence de Bonaparte et de son armée, pour la privation pendant un temps indéfini de

cette armée elle-même, qui ne put revenir en
France qu'avec la permission des Anglais, on
ne pouvait présenter aucune compensation. La
conciliation rêvée n'avait fait aucun progrès
dans l'esprit des populations musulmanes.
Bonaparte était arrivé avec l'intention de faire
appel à l'instinct religieux des races sémitiques.
Il pensait probablement que la révolte de la
France contre l'Église catholique pourrait être
présentée aux Musulmans comme une adhésion
à leur foi. Il avait déclaré qu'il était lui-même
un Musulman, envoyé par le Très-Haut pour
humilier la Croix. En même temps il avait
espéré se concilier le sultan ; et Talleyrand
devait se rendre à Constantinople dans ce but.
Mais Talleyrand resta à Paris ; le sultan et les
populations ne se trompèrent pas aux appels religieux de Bonaparte. Les révoltes succédaient
aux révoltes, malgré la cruauté sauvage de la
répression. C'était décidément une misérable
affaire dont il n'était que temps de se retirer.

On voit par sa correspondance qu'il avait
promis d'être de retour en France dès le mois
d'octobre 1798, ce qui montre combien l'événement avait peu justifié ses prévisions. Sir Sidney
Smith s'arrangea à ce moment pour qu'il reçût
un paquet de journaux, dans lesquels il trouva

des informations sur tout ce qui s'était passé récemment en Europe, et sur les désastres que la France avait soufferts. Sa résolution fut prise immédiatement. Le 22 août, il écrit à Kléber pour lui annoncer qu'il lui transmettait le commandement de l'expédition, tandis qu'il allait lui-même rentrer en Europe en emmenant avec lui Berthier, Lannes, Murat, Andreossi, Marmont, Monge et Berthollet, et en laissant des ordres pour que Junot le suivît en octobre, et Desaix en novembre. Après avoir répandu soigneusement des informations fausses sur ses intentions, il mit à la voile avec deux frégates, dans la nuit du 22. Au cours de son voyage de retour, qui dura plus de six semaines, il fit une visite à la Corse. Le 9 octobre, il arriva dans le port de Fréjus.

Après son retour, les résultats désastreux de l'expédition continuèrent à se développer : l'Égypte fut reconquise par les Anglais, et Malte tomba entre leurs mains. Ainsi, le plan qui avait pour but d'exclure l'Angleterre de la Méditerranée, eut pour résultat d'y établir sa domination et d'en exclure la France. Nous verrons bientôt jusqu'à quelles extrémités Napoléon fut conduit par la lutte insensée qu'il engagea pour racheter cet échec.

§ 5. — Révolution de Brumaire.

A partir de ce moment, la marée de sa fortune se remit à monter. Son arrivée sembla providentielle, et fut saluée avec enthousiasme par toute la France. où le gouvernement républicain était tombé au dernier degré de dissolution. Depuis Fructidor, la politique française avait été systématiquement guerrière. Le général Jourdan avait pris l'initiative d'une grande loi de recrutement militaire qui fut la base des armées de Napoléon; une série d'agressions violentes dans la Suisse et l'Italie centrale avaient causé une nouvelle guerre européenne. Mais cette politique était évidemment en désaccord avec la forme républicaine de gouvernement établie en 1795. Un directoire composé de « civils » n'avait pas qualité pour guider une politique si systématiquement guerrière. Aussi la guerre de 1799 avait-elle été manifestement mal dirigée. Les armées et les généraux étaient bien en ligne, mais le stratège directeur et homme d'État manquait. En Italie, la conquête avait été poussée trop loin. La moitié des troupes étaient enfermées dans les places fortes ou occupées à réprimer des révoltes : c'est pour ce motif que Macdonald à la Trébie, et Joubert à Novi, furent battus par Souwaroff. Mantoue capitula, et l'œuvre de Bonaparte fut presque anéantie. Le gouvernement fut ébranlé par ces désastres. Une espèce de révolution eut lieu en juin (1799). Quatre membres nouveaux entrèrent au Directoire : trois d'entre eux, Gohier, Roger-Ducos et le général Moulins, représentaient principalement le retour au jacobinisme de 1793, tandis que le quatrième, Sieyès, le plus important des hommes politiques de cette crise, représentait l'aspiration à une réforme dans la Constitution. Le remède qui se présenta tout d'abord aux esprits, était le retour au terrorisme furieux de 1793. Le club des Jacobins se reconstitua et reprit ses séances dans la salle du Manège. Plusieurs des généraux en vue, spécialement Jourdan et Bernadotte, se prononcèrent en sa faveur. Mais il n'était pas possible de faire revivre 1793. Les passions étaient apaisées, et son souvenir n'était plus qu'un cauchemar. Néanmoins une espèce de terreur commença. Les rigueurs du recrutement causèrent des rébellions, particulièrement dans l'Ouest. La chouannerie et le royalisme reparurent, et l'odieuse loi des otages fut votée pour leur faire obstacle. Après sept années de misère, la France, à l'automne de 1799, était peut-être plus misérable que jamais.

S'il était impossible de faire revivre 1793, que pouvait-on faire? Sieyès voyait bien que ce qui était nécessaire, c'était un général, chef suprême, pour diriger la guerre. Mais quoiqu'il eût cessé de croire aux institutions populaires, et qu'il se fût converti à une aristocratie d'espèce nouvelle, il ne voulait pas que son « général suprême » dirigeât les affaires civiles. Il cherchait un officier qui fût intelligent, sans être trop ambitieux. Son choix tomba sur Joubert, qui fut en conséquence nommé au commandement de l'armée d'Italie, afin d'être à même d'acquérir la renommée nécessaire. Mais au mois d'août, Joubert fut tué à Novi. Depuis ce jour, Sieyès était resté dans l'incertitude. Il fit vainement des avances à Moreau. Qui aurait pu dire ce qui pouvait avoir lieu dans quelques mois? Quelque général sans qualités supérieures pouvait s'élever à une position dans laquelle il aurait eu les destinées de la France entre les mains. Peut-être Masséna, dont la renommée était en ce moment même portée à son comble par les victoires de Zurich, mais qui n'avait l'envergure ni d'un empereur ni d'un homme d'État, aurait pu arriver au premier rang, pour jouer le rôle de Monk.

Sur ces sombres incertitudes, le retour de Bonaparte produisit l'effet d'un lever de soleil aux tropiques : soleil trop éblouissant pour Sieyès qui cherchait un général, mais un général qu'il pût contrôler. Le 16 octobre, Bonaparte rentra dans son ancienne maison de Paris, rue de la Victoire, et la révolution se fit dans les journées du 9 et du 10 novembre (18 et 19 brumaire). Il eut d'abord quelque difficulté à se rendre compte de la situation. Il trouvait un parti jacobin réclamant des mesures vigoureuses et une poursuite énergique de la guerre : à la tête de ce parti, il voyait des militaires, particulièrement Jourdan et Bernadotte. En sa qualité d'ancien partisan de Robespierre, de combattant de Fructidor, et de militaire, il se sentit naturellement attiré vers cette faction, et il fut tout d'abord disposé à regarder Sieyès, qu'elle poursuivait de ses attaques les plus violentes, comme son principal ennemi. Mais, graduellement, il en vint à discerner que, pour sa fortune, il ne devait pas rester jacobin, mais, au contraire, se faire le champion de l'antijacobinisme, et mettre son épée au service de Sieyès. De son côté, Sieyès ne pouvait manquer de s'apercevoir que Bonaparte n'était pas précisément le ministre de la guerre qu'il souhaitait. Mais, grâce aux efforts de Lucien et Joseph Bonaparte, de Rœderer, de Talleyrand, l'entente fut enfin établie entre eux, quoique Sieyès continuât de prédire qu'après le succès Bonaparte l'écarterait avec dédain. Le mouvement qui se produisit alors fut le plus honnête, le plus rassurant, et passa longtemps pour le plus heureux des efforts faits depuis 1792 pour tirer la France du bourbier. Au lieu de raviver le jacobinisme, on se proposait d'organiser un gouvernement fort et habile. Un grand parti d'honnêteté se ralliait autour de Sieyès pour abattre les Jacobins. Parmi les directeurs, Ducos (qui avait été converti), puis la majorité du Conseil des Anciens, Moreau et Macdonald, les généraux dont la réputation était la plus pure, enfin Bonaparte et les généraux qui lui étaient personnellement dévoués, telle était la composition de ce parti. De l'autre côté, le parti jacobin comprenait les directeurs Gohier et Moulins, la majorité du conseil des Cinq-Cents, et les généraux Jourdan et Bernadotte. Quel serait le parti que suivraient les officiers, sous-officiers et soldats? C'était là une question pleine d'anxiété.

On résolut de prendre avantage d'un article de la Constitution, inséré originairement par les Girondins comme sauvegarde contre les agressions de la municipalité parisienne, et de faire rendre par le Conseil des Anciens un décret ordonnant la réunion des Conseils hors de Paris, au palais de Saint-Cloud. Il était entendu qu'à cette réunion on proposerait une réforme de la Constitution. La proposition serait soutenue par la majorité du Conseil des Anciens et par un grand nombre, sinon par la majorité des membres du Conseil des Cinq-Cents. On prévoyait que les Jacobins pouvaient devenir gênants, et qu'il serait peut-être nécessaire de les éliminer, comme ils avaient eux-mêmes éliminé les Girondins. Pour se préparer à cette éventualité, quand le décret fut rendu par les Anciens, le 9 novembre, on confia son exécution au général Bonaparte, nommé commandant en chef de toutes les troupes de Paris. On doit remarquer avec soin qu'il n'agit pas contre l'Assemblée par sa propre initiative, comme fit Cromwell, mais qu'il est nommé par l'Assemblée pour agir en son nom. Personne ne songeait à détruire la République, il n'était question que d'introduire la fameuse Constitution parfaite de Sieyès. Bonaparte se présenta au Conseil des Anciens, entouré des généraux de son parti, et évita habilement de prêter serment à la Constilution. Il passa ensuite la revue des troupes et il devint évident qu'il pouvait compter sur elles. On peut dire que, à partir de cet instant, le coup d'État de Brumaire avait réussi. Ensuite Sieyès et Ducos résignèrent leurs fonctions de directeurs ; on persuada à Barras de suivre leur exemple ; mais Gohier et Moulins demeurèrent fermes. Gohier fut mis sous la garde de Moreau, au Luxembourg, et Moulins s'échappa. Il ne restait plus qu'à venir à bout du Conseil des Cinq-Cents, forteresse du jacobinisme.

Ce fut le lendemain, à Saint-Cloud, que la révolution s'acheva. Bonaparte et Sieyès attendaient dans une salle séparée tandis que les Conseils commençaient leurs délibérations ; mais apprenant qu'on proposait de renouveler le serment à la Constitution, Bonaparte résolut d'intervenir. Il semble qu'il y ait eu à ce moment quelque malentendu. C'est Sieyès, et non Bonaparte, qui aurait dû agir ; mais la timidité de Sieyès le rendit probablement, comme d'habitude, incapable d'intervenir. Ce fut donc Bonaparte qui entra au Conseil des Anciens, où il prononça une harangue confuse, qui fit peu de bien à sa cause, quoique le Conseil fût bien disposé en sa faveur. Sa position était fausse, quoiqu'il représentât avec raison que la Constitution avait été annihilée dans la pratique par les illégalités de fructidor, floréal et prairial. Il se rendit ensuite au Conseil des Cinq-Cents, qui était hostile, et où il fut reçu par les cris de : *Hors la loi! A bas le dictateur!* On le saisit par le collet et on essaya de le pousser hors de la salle.

Il en était presque réduit au désespoir, et non sans raison. — Par la lâcheté de Sieyès, il se trouvait dans la nécessité de prendre le rôle de Cromwell. Mais Cromwell avait des soldats qui lui étaient personnellement dévoués et qu'animaient des convictions religieuses plutôt que des idées républicaines ; tandis que les soldats de Bonaparte n'étaient sous ses ordres que depuis peu d'instants et étaient, en outre, de fanatiques républicains. Il fallait réparer la faute commise. Il fallait persuader aux soldats que Bonaparte n'était pas un Cromwell, mais un républicain inébranlable, et qu'on les appelait à agir non contre l'Assemblée, mais contre une minorité de traîtres, comme en Fructidor. Ce fut Lucien Bonaparte, président des Cinq-Cents, qui accomplit ce miracle. Bonaparte avait envoyé des grenadiers pour le secourir. Lucien était à la tribune, où il défendait son frère au milieu d'interruptions bruyantes. En apercevant les grenadiers, il se débarrassa de son

costume officiel et se retira au milieu de son
escorte. Dans la cour, il monta à cheval, et,
s'adressant aux troupes qui étaient chargées de
la garde de la Législature, il déclara que le Conseil était opprimé par des assassins, des brigands
payés par l'Angleterre, et donna l'ordre aux
soldats de délivrer la majorité de cette oppres-
sion, en balayant la Chambre. Il brandit une
épée, et jura d'en percer son frère, si jamais il
attentait aux libertés des Français. Ainsi con-
vaincus qu'on ne se proposait aucune violence
contre l'Assemblée elle-même, et avec la sanction
expresse de son président, les soldats firent évacuer la salle. Dans la soirée du même jour, à
9 heures, Lucien réunit un certain nombre de
de ses collègues et leur proposa de nommer un
comité chargé de rédiger un rapport sur l'état
des affaires. Ce comité, nommé immédiatement,
présenta d'urgence un rapport proposant de
donner provisoirement le pouvoir exécutif à
Sieyès, Roger-Ducos et Bonaparte, sous le titre
de consuls; et ajournant la Législature jusqu'au 20 février (1er ventôse). Un comité, formé
de vingt-cinq membres de chaque Conseil, devait
continuer à siéger, et délibérer avec les consuls
sur les changements à apporter dans la Constitution; comme en Fructidor, un certain nombre

de membres (cinquante-cinq) devaient être expulsés des Conseils.

Ainsi, en résumé, le plan primitif était exécuté. Mais sa réussite avait été sérieusement menacée par l'intrusion inconvenante de Bonaparte dans l'Assemblée, et par ses gasconnades. « Rappelez-vous, avait-il dit au Conseil des Cinq-Cents, que je marche toujours escorté du Dieu de la fortune et du Dieu de la guerre. » On s'efforça de cacher ces fâcheux incidents en faisant publier, par le *Moniteur*, une reproduction falsifiée de son discours.

CHAPITRE III

LE PREMIER CONSUL.

§ 1. — Bonaparte devient Premier Consul.

Brumaire est, à proprement parler, la victoire
de Sieyès plutôt que celle de Bonaparte. Ce coup
de force éleva Sieyès à la situation qu'il ambi-
tionnait depuis si longtemps, celle de législateur
de la France. La Constitution que l'on allait
expérimenter était réellement en grande partie
son œuvre, mais si habilement modifiée en un
point, qu'elle aboutit à la suprématie absolue de
Bonaparte. Remarquons ici tout particulièrement
que c'est Sieyès, et non Bonaparte, qui supprime
pratiquement les institutions représentatives.
La conception de Sieyès, si longtemps attendue,
fut enfin promulguée, et c'est avec étonnement
que nous voyons l'homme de 1789, l'auteur de
la brochure *Qu'est-ce que le Tiers-État?* con-

damner la liberté politique. Dans cette nouvelle Constitution les Assemblées, au nombre de trois, le Sénat, le Tribunat et le Corps législatif, ne sont pas du tout choisies par le suffrage de la nation. Les deux dernières sont nommées par le Sénat qui lui-même est composé, au début, de membres choisis en partie par les Consuls provisoires, en partie par cooptation. Le Tribunat seul a le droit de discussion publique, lequel est séparé du droit de vote. Ce dernier droit est assigné au Corps législatif. Ces complications, qui annulèrent les institutions parlementaires pendant la période napoléonienne, avaient été imaginées non par Bonaparte, mais par Sieyès, qui réduisait l'élection populaire à certaines listes de notables, sur lesquelles les Assemblées devaient être choisies. Par cette conception, Sieyès, tout en demeurant fidèle à sa haine contre l'ancien régime et la vieille noblesse, condamnait l'œuvre entière de la Révolution; Bonaparte ne fit que ratifier cette sentence.

Mais tout en repoussant absolument la démocratie, Sieyès ne voulait pas introniser le despotisme. C'est au Sénat qu'il attribuait la suprématie : ce corps devait former une espèce d'aristocratie héréditaire gardienne des traditions de la Révolution; au-dessus de lui, mais pou-

vant être déposé par lui, devait siéger un doge
appelé le Grand-Électeur, dont la principale
fonction consistait à choisir deux Consuls qui
devaient prendre l'un le ministère de l'intérieur,
l'autre celui des affaires étrangères. Ici encore,
Bonaparte accepta, autant qu'il le pouvait, la
nouvelle Constitution. Il adopta les Consuls et
le triple pouvoir exécutif, en diminuant même
en apparence le Grand-Électeur, auquel il donne
le titre plus républicain de Premier Consul. Mais
il fournit une preuve signalée de l'habile et audacieuse netteté de conception qui caractérisa toujours sa diplomatie. Il attaqua violemment la faiblesse du rôle du Grand-Électeur et des Consuls
dans cette constitution, feignant de ne pas s'a-
percevoir qu'elle concentrait intentionnellement
le pouvoir dans le Sénat; puis, au lieu de la
soumettre à une revision, il se contenta d'augmenter considérablement les attributions du
Premier Consul, en laissant les autres Consuls et
les Assemblées aussi faibles que dans le projet.
Ce coup transforma une puissante aristocratie
en une puissante monarchie. Pour exécuter cette
transformation, Bonaparte prit avantage du caractère particulier de Sieyès qui, dès qu'il ren-
contrait de l'opposition, se renfermait dans un
mutisme impénétrable. Plus tard, il se vanta

6

d'avoir décidé sa victoire sur Sieyès à l'aide d'une forte gratification, prise sur le Trésor public.

Peut-être, cependant, dans sa controverse contre Sieyès, Bonaparte avait-il l'opinion publique de son côté. Non seulement les complications qu'il attaquait étaient réellement absurdes, mais, à ce moment surtout, il pouvait plaider la cause d'un gouvernement fort, sans être immédiatement taxé de vues ambitieuses. On était alors convaincu de la nécessité d'un pouvoir exécutif énergique et stable; on ne voulait plus d'un gouvernement à plusieurs têtes : et enfin on venait de découvrir en Amérique qu'une République devait avoir un Président, et aussi que ce Président pouvait ne pas être un ambitieux.

Le Consulat provisoire de Sieyès, Ducos et Bonaparte, ne dura que du 10 novembre au 13 décembre. Il fut remplacé, grâce à la nouvelle Constitution, par le Consulat définitif de Bonaparte, Cambacérès et Lebrun, qui dura quatre ans. En vertu de cette Constitution, dite du 22 frimaire an VIII (qui ne fut jamais discutée dans une Assemblée, mais qui, après avoir été adoptée par les deux comités législatifs siégeant au Luxembourg sous la présidence de Bonaparte, en présence des deux autres Consuls, et rédigée

par Daunou, fut ratifiée par le suffrage populaire),
Bonaparte devenait Premier Consul pour dix
ans, avec un salaire annuel d'un demi-million
de francs. Il avait le pouvoir de nommer seul
les membres du Conseil d'État, les ministres,
les ambassadeurs, les officiers de l'armée, de la
flotte, et le plus grand nombre des juges et des
fonctionnaires locaux : il pouvait, en outre, avec
la collaboration nominale des autres consuls,
prendre l'initiative de toutes mesures législatives et décider de la paix ou de la guerre. Sieyès
et Ducos se retirèrent, et les deux autres Consuls, élus d'après cette nouvelle Constitution,
furent Cambacérès, légiste éminent, et Lebrun,
vieux fonctionnaire du temps de Louis XV. La
coalition victorieuse de Brumaire avait eu l'intention d'établir une République, mais cette Constitution créait, presque sans déguisement, une
puissante monarchie.

Pour le moment, c'était beaucoup déjà que la
France renonçât au Jacobinisme et cessât de se
déchirer elle-même. Une volonté énergique se
fit immédiatement sentir dans la direction de la
guerre civile de l'Ouest et de la guerre étrangère.
Une proclamation aux habitants de l'ouest de la
France (28 décembre 1799) parla pour la première fois de tolérance, de respect pour la reli-

gion et de considération pour le clergé. Elle préludait ainsi au Concordat et attaquait la guerre civile par les racines. Elle était accompagnée des menaces les plus terribles contre les réfractaires, qui doivent être traités « comme des Arabes du Désert », et doivent se tenir pour avertis qu'ils ont affaire à un homme « accoutumé aux mesures les plus rigoureuses et les plus énergiques » — allusion probable aux massacres de Jaffa et du Caire. Cette déclaration politique, jointe à une action militaire décisive, réussit rapidement. A la fin de février, tout était redevenu tranquille dans l'Ouest; Frotté, le plus actif des chefs de la révolte en Normandie, s'était rendu à discrétion et avait été fusillé, quoi que Bonaparte eût formellement déclaré que, s'il mettait bas les armes, il pouvait compter sur la générosité du gouvernement. Dans ses appels au rétablissement de la paix religieuse à l'intérieur, Bonaparte était sincère; il l'était beaucoup moins quand il annonçait à l'Europe une politique de paix, car il sentait bien qu'il avait besoin d'une victoire pour couvrir son apostasie. Cependant cette déclaration de sentiments pacifiques était nécessaire parce qu'elle affirmait la renonciation nationale au Jacobinisme; et elle était sans danger, car il n'était pas probable que

la coalition voulût accepter la paix au moment
même où les avantages militaires étaient de son
côté. Les alliés ne le pouvaient logiquement
pas, puisqu'ils avaient commencé la guerre
contre le Directoire, en 1798, sous prétexte
que la paix était avec lui plus insupportable
que la guerre : or l'arrivée de Bonaparte au
pouvoir devait leur faire paraître la paix plus
difficile encore.

Cette pensée était juste au fond, comme la
suite l'a prouvé ; mais ils ne comprirent pas suffisamment que Bonaparte n'était plus maintenant « le champion du Jacobinisme », comme
Pitt l'avait dénommé, mais qu'il en était devenu
l'ennemi et le destructeur. Quand l'Angleterre
et l'Autriche rejetèrent ses ouvertures, Bonaparte eut la satisfaction d'obtenir précisément
ce qu'il désirait — la guerre, et exactement
comme il la désirait — imposée en apparence
par ses adversaires.

§ 2. — Sa jalousie contre Moreau. — Campagne de Marengo.
— Traité de Lunéville. — Le Concordat. — Traité d'Amiens.

La campagne de 1800 a ce caractère particulier que, pendant toute sa durée, Bonaparte
a un rival militaire, avec lequel il craint de

rompre, et qui, par ses exploits, reste son égal. Ce rival est Moreau. C'était lui qui avait principalement assuré le succès de Brumaire, et il s'était sans doute persuadé que la nouvelle Constitution, qui ne semblait pas admettre que le Premier Consul commandât une armée, avait écarté Bonaparte de la voie que son ambition lui indiquait. Il avait alors le commandement de la principale armée, celle du Rhin, situation que Bonaparte ne pouvait pas se permettre de lui enlever. Le problème que Bonaparte eut à résoudre pendant cette guerre était d'empêcher Moreau et, à un moindre degré Masséna, qui était alors à la tête de l'armée d'Italie, d'éclipser sa propre réputation militaire. La Russie venait de se retirer de la coalition, de sorte que, comme en 1796, l'Autriche et l'Angleterre restaient ses seuls adversaires. L'Italie avait été à peu près entièrement perdue et Masséna, opposé au général Mélas, avait été rejeté, avec ses troupes, presque jusqu'au point d'où Bonaparte était parti pour sa première campagne d'Italie. Mais la France était restée maîtresse de la Suisse, et Moreau, avec plus de cent mille hommes établis le long du Rhin, depuis le lac de Constance jusqu'en Alsace, tenait tête à Kray, dont le quartier général était à Donaueschingen.

On pouvait croire que la campagne serait conduite par Moreau et Masséna, à qui Bonaparte enverrait des instructions de Paris. Il semble, en effet, si évident que la campagne décisive devait avoir lieu en Bavière, que l'écrivain militaire Bülow conjecture que les Français craignirent d'alarmer l'Europe par une victoire trop décisive, qui les aurait portés d'un seul coup sous les murs de Vienne, et qu'ils transférèrent, en conséquence, les opérations en Italie. Mais Bonaparte serait descendu au rôle de président, si Moreau avait gagné la bataille de Hohenlinden au printemps de 1800, tandis qu'il demeurait lui-même à Paris, sans occasions de gloire. Aussi, tout en s'efforçant, dans ses lettres à Moreau, de tenir le langage d'un soldat confiné, à son grand regret, dans des fonctions civiles, il organise la campagne de telle sorte que Moreau et Masséna devront se borner à tenir l'ennemi en respect, tandis qu'une armée de réserve descendra en Italie par l'un des passages des Alpes. Cette armée de réserve, si soigneusement cachée que peu de personnes croient à son existence, doit être commandée, écrit-il, par un général « qui sera désigné par les Consuls » : un peu plus tard, c'est Berthier qui est désigné. A la fin de mars il dit encore à Miot « qu'il n'a pas l'intention de quitter Paris ». Moreau reçoit l'ordre de préparer un détachement de 25,000 hommes, sous le commandement de Lecourbe, lesquels devront aller rejoindre Berthier en Italie. Par cette mesure il se prémunissait contre un succès trop éclatant de Moreau. Le 24 avril, la campagne d'Allemagne s'ouvre par le passage du Rhin sur plusieurs points à la fois. Jusqu'en mai, Moreau est le héros de la guerre. Il est victorieux à Engen, à Mossekirchen, et force Kray à se retirer dans Ulm. Ces succès gardent la Suisse libre pour l'exécution du plan de Bonaparte. Le 9 mai, il est à Genève, et l'on voit tout d'abord que c'est lui qui commande, tandis que Berthier n'est que son chef d'état-major. En même temps Carnot en personne est envoyé, avec des formalités inusitées, pour assurer le départ du détachement demandé à Moreau.

La campagne de Marengo fut d'une rapidité étonnante. Bonaparte quitta Genève le 11 mai, et il était de retour à Paris dès le commencement de juillet. Depuis les premiers jours d'avril, Masséna luttait vainement contre les forces supérieures de Mélas; depuis le 21 de ce mois, il était enfermé dans Gênes, où l'Autriche et l'Angleterre pouvaient contribuer à le tenir

assiégé. Les affaires de la France semblaient
donc en plus mauvaise situation que jamais,
quand Bonaparte se jeta sur les derrières de
Mélas en passant le Grand Saint-Bernard du 15
au 20 mai. D'autres divisions franchirent le Petit
Saint-Bernard et le Mont-Cenis, tandis que le
détachement de l'armée de Moreau (commandé
par Moncey au lieu de Lecourbe) descendait du
Saint-Gothard. Les Autrichiens semblent s'être
absolument refusés à croire que Bonaparte se
préparait à franchir les Alpes, quoique ce projet
fît ouvertement l'objet des discussions des
journaux de Paris. Bonaparte leur gardait une
autre surprise. Quoique Gênes fût alors en proie
à toutes les horreurs de la famine, il ne fit aucune
tentative pour la délivrer; au contraire, il tourna
à gauche, entra à Milan le 2 juin, et prit possession de toute la ligne du Tésin et du Pô. Pendant ce temps, Gênes se rendait au général Ott.
Mélas était alors à Alexandrie. Le 13, Bonaparte
se rapprocha de lui; le 14, Mélas sortit de la
place, traversa la Bormida, et arriva à Marengo.
Il trouva les Français divisés pour mieux barrer
la route, et les battit complètement. Il avait
déjà quitté de sa personne le champ de bataille
et ses soldats dépouillaient les morts, quand
l'arrivée de la division Desaix rendit à Bona-

parte une lueur d'espérance. Desaix tomba; mais une charge soudaine de cavalerie, conduite par Kellermann. jeta dans les rangs des Autrichiens une panique semblable à celle qui les avait saisis à Rivoli. et la grande victoire des Autrichiens se transforma en une défaite écrasante. De l'abîme d'une ruine absolue et ignominieuse Bonaparte passa d'un coup au faîte de la gloire. Le lendemain Mélas (ayant, ce semble. complètement perdu la tête) signa une convention par laquelle l'Autriche abandonnait presque toute l'Italie du Nord, et remettait ainsi les choses à peu près dans la même situation qu'à Campo-Formio. « S'il avait livré une seconde bataille, écrit Marmont, il nous aurait certainement battus. » Bonaparte revint à Paris. victorieux à la fois de l'Autriche. de Moreau et de Masséna. Il ne put cependant arracher à Moreau l'honneur de terminer la guerre. Marengo n'amena pas la paix : elle ne fut conquise que là où elle pouvait l'être logiquement. en Bavière. par la victoire de Hohenlinden. gagnée le 3 décembre par Moreau. victoire plus éclatante peut-être qu'aucune de celles dont Bonaparte pouvait s'enorgueillir jusque-là.

Cette campagne couronne et achève ce que l'on peut appeler la période de Bonaparte: la

période de la guerre dans des proportions relativement restreintes, et des batailles gagnées
avec des armées relativement peu nombreuses.
Elle présente au plus haut point les marques
caractéristiques de la méthode de Bonaparte :
originalité déconcertante, astuce et audace. Le
génie s'y déploie avec prodigalité, et pourtant
la part de la chance reste encore immense. On
peut appeler Marengo « la victoire qui couronne ». La position que Bonaparte occupait
d'après la nouvelle Constitution avait été jusque-là fort précaire. Sieyès et les républicains
veillaient jalousement sur lui, d'une part; de
l'autre, Moreau semblait sur le point de l'éclipser.
Sa famille sentait combien la situation était critique : « S'il avait péri ou échoué à Marengo »,
écrit Lucien, nous « aurions été tous proscrits ».
Il fallait peut-être, ce coup de fortune éclatant
et rapide de Marengo pour le sauver des périls
qui l'environnaient. Mais ce triomphe fit plus
que le sauver : du Consulat, il fit jaillir l'Empire.

Son appel à la paix, après Brumaire, ne manquait pas entièrement de sincérité, quoiqu'il
eût besoin d'une victoire avant de conclure
cette paix. Il proposa à Rouget de l'Isle d'écrire
« un chant guerrier exprimant la pensée que,
pour les grandes nations, la paix est une cou-

séquence de la victoire ». Après Marengo, il consacre tous ses efforts à donner la paix au monde ; il y réussit par trois grands actes, de sorte que, en 1802, pour la première fois depuis dix ans, sous l'égide du nouvel Auguste, « on n'entendait sur la terre, bruit de bataille ni de guerre ». Ces trois grands actes sont : le traité de Lunéville, février 1801 ; le Concordat, juillet 1801 ; le traité d'Amiens, mars 1802. Il est important de noter qu'il désigne, comme négociateur de ces traités, son frère Joseph, comme s'il désirait spécialement que le nom de sa famille fût lié avec la pacification du monde.

1° Le traité de Lunéville rend la paix au continent. L'Autriche est en ce moment désarmée non seulement par ses défaites, mais plus encore par la défection de la Russie, qui passe du côté de la France. Il faut remarquer qu'ici Bonaparte se montre moins exigeant que le Directoire. Il restitue plusieurs des usurpations de 1798, les Républiques Romaine et Parthénopéenne, et revient, en général, aux arrangements de Campo-Formio — preuve de modération qui dut amener les cabinets à se demander si, après tout, il ne serait pas possible de trouver un *modus vivendi* avec le gouvernement de Brumaire.

2° Par le Concordat, il déclarait la fin de la

guerre religieuse. En réalité il se débarrassait
de l'Église nationale gallicane, créée par la
Constitution civile, et qui commençait peut-être
à prendre racine, et il restaurait l'Église papale,
dépouillée, il est vrai, de ses revenus, tant qu'il
vivrait, et soumise à l'État. Comme partie de la
pacification générale, le Concordat avait sans
doute pour but principal de produire un effet
théâtral ; néanmoins son influence sur l'histoire
ultérieure de la France a été considérable. Relativement à la situation de Bonaparte, ce traité
avait de l'importance, parce qu'il séparait des
Bourbons le parti clérical, et l'attachait à Bonaparte ; celui-ci acquérait ainsi, à l'aide du clergé,
une certaine influence sur les paysans qui lui
fournissaient ses armées : puis encore, l'influence universelle de ce clergé affermissait
l'union entre les divers États déjà soumis à son
gouvernement. Pendant qu'il négociait le Concordat avec le cardinal Consalvi, Bonaparte eut
plus d'une fois recours à la comédie vulgaire
et à la fourberie qui lui valurent le surnom de
Jupiter-Scapin.

3° Il restait à conclure la paix avec l'Angleterre ; mais ici, la victoire, condition nécessaire
pour imposer la paix, manquait absolument.
Pendant un instant cependant la victoire parut

possible, car le czar avait pris parti pour la France et était devenu extrêmement hostile à l'Angleterre. Cette hostilité ouvrait des perspectives tout à fait nouvelles. Elle mettait Bonaparte à même de renouveler contre l'Angleterre la neutralité armée de 1780. Ce ne fut pas seulement la Russie qui fut acquise ainsi à l'alliance française, mais encore, et pour la première fois, la Prusse, en même temps que la Suède et le Danemark ; le système de Tilsit se trouva ainsi esquissé. Mais cette phase ne dura que jusqu'en avril. Le bombardement de Copenhague par Nelson suffit pour dissoudre la coalition, et l'assassinat de Paul, suivi de la réconciliation entre l'Angleterre et la Russie, contraignit Bonaparte à abaisser ses prétentions. Bientôt après, ses conditions se bornent à protéger contre les Anglais la colonie française d'Égypte, et à arracher, avec l'aide de l'Espagne, un petit territoire au Portugal, allié de l'Angleterre. Mais le Caire se rend aux Anglais en juin, et, dans ce même mois, l'Espagne conclut la paix avec le Portugal. Bonaparte se vit donc forcé d'admettre, dans ce cas, l'idée d'une paix non précédée de la victoire. En conséquence, les préliminaires de Londres furent signés en octobre, et le traité d'Amiens suivit en mars. Les alliés de la France payèrent

ses défaites navales : l'Espagne perdit la Trinité ;
la Hollande perdit Ceylan ; mais si la France ne
perdit rien, elle reconnut, par ce traité, l'échec
absolu de ses desseins sur l'Orient.

§ 3. — Réorganisation d'institutions françaises. — Marche
graduelle vers la monarchie. — Nivôse.

Le monde était donc en paix, grâce à Bonaparte. L'équilibre détruit par la Révolution semblait enfin rétabli. En même temps, la réorganisation législative de la France progressait
rapidement. C'est la période glorieuse de la
carrière de Napoléon, non pas, comme on l'a
prétendu souvent, parce que le pouvoir ne
l'avait pas encore corrompu, mais simplement
parce que la France avait un besoin extrême
d'un gouvernement intelligent et fort, l'Europe
un besoin extrême de repos, et que Bonaparte
donnait satisfaction à ces deux besoins. L'œuvre de reconstruction qui caractérise le Consulat, quoique le travail se soit continué sous
l'Empire, est la plus durable de toutes les œuvres de Napoléon. Les institutions de la France
moderne ne datent pas, comme on l'a répété,
de la Révolution ; mais du Consulat. Non pas
que Napoléon fût personnellement doué d'un

génie législatif suprême: son principal mérite
est d'avoir donné à la France, pour la première
fois depuis la ruine de ses anciennes institutions,
un gouvernement capable d'inspirer la sécurité
et d'assurer l'efficacité des lois. Ce travail de
reconstruction lui fut imposé par la nécessité;
mais son intervention personnelle fut à divers
points de vue, comme nous le verrons, plus mal-
faisante qu'avantageuse. Il n'en est pas moins
vrai qu'il apprécia la grandeur de l'œuvre, qu'il
en hâta l'accomplissement, s'y intéressa, la
frappa au coin de sa personnalité et y laissa la
marque de sa pénétrante sagacité.

Les institutions ainsi créées, et qui forment l'organisme de la France moderne sont :
1° l'Église restaurée sur la base du Concordat;
2° l'Université, s'appuyant sur la loi du 11 floréal an X (1er mai 1802); 3° le système judi-
ciaire, inauguré par la loi du 27 ventôse an VIII
(18 mars 1800) et complété par d'autres lois en
1810; 4° les Codes, comprenant : le Code Civil
(commission nommée le 24 thermidor an VIII
(12 août 1800), qui reçut le nom de Code Napoléon, le 3 septembre 1807; le Code de Commerce (promulgué le 10 septembre 1807); le
Code Pénal; le Code d'Instruction criminelle
(mis en vigueur le 1er janvier 1811); 5° le sys-

tème des gouvernements locaux ou municipaux. reposant sur la loi du 18 pluviôse an VIII (7 février 1800); 6° la Banque de France, établie le 28 nivôse an VIII (18 janvier 1800); 7° la Légion d'honneur, qui date du 29 floréal an X (19 mai 1802). Ces institutions, ainsi que le système militaire, existent encore pour la plupart aujourd'hui, tandis que toutes les institutions napoléoniennes purement politiques ont disparu. Aucun autre souverain ne peut revendiquer l'honneur d'un aussi grand nombre d'importantes mesures législatives, mais c'est à la fortune qu'il doit cet avantage plutôt qu'à son mérite, et le motif en est facile à indiquer : c'est que jamais un autre souverain n'a régné en toute sécurité sur une nation ancienne, civilisée, et privée soudainement de toutes ses institutions. Il est indiscutable aussi que la plupart de ces lois ont été salutaires, car la *table rase* offre beaucoup d'avantages au législateur qui n'est ainsi gêné par aucun obstacle. Dans certains cas, cependant, nous pouvons voir que l'intérêt de la France a été sacrifié à celui de Napoléon. Ainsi le Concordat restaure l'ancienne Église, mais privée de ses richesses et dotée par l'État d'un subside d'environ 50 millions de francs. Restaurer la religion était un acte de

justice : la Constitution civile du clergé, que
détruisit le Concordat, avait été une mesure insensée, et la cause principale des misères de la
France depuis dix années. On perdit néanmoins
une occasion favorable de faire quelque expérience nouvelle qui aurait pu conduire à une
véritable rénovation religieuse. Mais c'était là
le moindre des soucis de Napoléon, si seulement il pouvait se poser en nouveau Constantin,
détacher l'Église de la cause des Bourbons, et
soumettre la papauté à ses volontés. De même
encore la liberté des gouvernements locaux fut
sacrifiée aux exigences du despotisme. L'Université est une de ses institutions les plus remarquables. Les vingt et une universités de l'ancienne France, y compris la grande université
mère de Paris, avaient disparu pendant la Révolution en même temps que l'Église ; rien d'un
peu efficace ne les avait remplacées, de sorte que,
en mars 1800, Lucien Bonaparte avait le droit
d'écrire : « Depuis la suppression des corpora-
tions enseignantes, l'instruction a presque cessé
d'exister en France. » Les lois de mai 1806 et
de mars 1808, fondèrent l'Université moderne ;
c'est-à-dire que tous les membres de l'ensei-
gnement furent réunis en une même corpora-
tion et salariés par l'État, formant ainsi une es-

pèce d'Église de l'éducation. Cette remarquable
institution existe encore. Elle est beaucoup trop
centralisée, et reste bien loin en arrière de l'ancien système, quand ce dernier est habilement
mis en œuvre, comme en Allemagne; beaucoup
de savants l'ont sévèrement jugée; elle n'en
constituait pas moins un puissant effort de reconstruction, qui donna à Napoléon l'occasion
de quelques remarques d'une originalité frappante.

A partir de la bataille de Marengo, le système
de Brumaire commença à prendre un développement qui n'avait pas été entièrement prévu.
Sieyès avait voulu confiner Bonaparte dans le
département de la guerre; Moreau aurait désiré
qu'il restât à Paris; ni d'un côté, ni de l'autre
on n'avait eu pour but de faire naître une monarchie césarienne. Mais le merveilleux succès
de Marengo, joint aux preuves que donna Bonaparte d'une intelligence vraiment supérieure
et d'une grande aptitude au commandement,
ramena l'esprit des Français à ce courant monarchique qui, avant la Révolution, les avait si
longtemps emportés. Sieyès avait déjà renoncé
à la liberté populaire, et le désastreux échec
des institutions républicaines qui, de 1795 à
1799, en quatre ans, avaient conduit le pays à

la banqueroute, à la guerre civile et presque à
la barbarie, faisait pencher vers l'avis de Sieyès
tous les hommes dévoués au bien public. Il ne
restait donc plus à choisir que l'une des formes
de l'aristocratie, ou le retour à la monarchie,
soit avec les Bourbons, soit avec une autre
famille. Les qualités personnelles de Napoléon
décidèrent la question. Par le Concordat, il en-
leva aux Bourbons l'appui de l'Église; par la
gloire militaire, il séduisit la noblesse, comme
le montre bien l'exemple de M. de Ségur; et par
la pacification du monde, il se concilia à demi
les cabinets étrangers. Mais dès qu'on discerna
cette nouvelle forme de monarchie, Bonaparte
se vit environné de nouveaux dangers. Il se
trouva exposé à la haine des républicains,
qu'avait apaisés jusque-là le titre de consul, et
qui furent réduits à se coaliser avec les jacobins vaincus; puis aussi au désespoir des royalistes, qui voyaient disparaître l'espérance d'une
restauration au moment de l'échec du républicanisme. En même temps, plus près de sa personne, des groupes de courtisans commencèrent
à se former. Ses frères et ses sœurs, avec l'avi-
dité sans pudeur des Corses, se mirent à réclamer leur part du butin. Tandis qu'il se demandait quelle forme prendrait sa monarchie,

et s'il ne lui serait pas possible de s'attribuer
un titre plus haut et plus rare que celui de roi
héréditaire, ils faisaient valoir les droits de la
famille. C'est alors que s'éleva une inimitié durable entre les Bonaparte et les Beauharnais.
Ces derniers, dans l'intérêt de Joséphine, et
redoutant déjà le divorce en raison de sa stéri-
lité, s'opposaient à l'adoption du principe de
l'hérédité.

Pour lutter contre les partis vaincus, Bonaparte trouva de nombreux avantages dans sa
situation. La Constitution même de Brumaire
lui donnait de grands pouvoirs ; les institutions
populaires avaient été détruites, non pas par lui,
mais par la nation elle-même, qui en était fatiguée. Sous le Directoire, le public s'était accoutumé aux suppressions de journaux et à des
« coups d'État » périodiques de la plus extrême
violence. C'est pourquoi Bonaparte put établir
un rigoureux despotisme sous forme de république consulaire, mutiler les assemblées, et
imposer silence à l'opinion publique ; il put
se hasarder plus d'une fois à commettre des
actes de la plus violente tyrannie sans s'aliéner
une population qui venait d'assister à l'attentat
de fructidor (pour ne rien dire du règne de la
Terreur) et qui avait pris l'habitude de com-

prendre tous ces excès sous le nom de liberté. Les conspirations commencèrent aussitôt après le retour de la campagne de Marengo : les Corses Arena et Ceracchi, dont la culpabilité semble n'avoir pas beaucoup dépassé les discours séditieux, furent arrêtés, en octobre 1800, au Théâtre-Français. Mais le 24 décembre de cette même année, comme Bonaparte se rendait en voiture à l'Opéra avec Joséphine, une explosion soudaine, dans la rue Saint-Nicaise, tua ou blessa plusieurs personnes, et endommagea près de cinquante maisons ; la voiture de Bonaparte échappa à cette explosion. Il était encore dans toute la première ferveur de sa renonciation au jacobinisme, et ne se rendait pas compte du danger qui le menaçait du côté des royalistes. Il ne vit donc que les jacobins dans ce complot, et résolut de parer au danger par une mesure générale qui anéantirait ce qui restait de ce parti. Mais avant que cette mesure pût être prise, Fouché le convainquit qu'il était dans l'erreur, et qu'il se trouvait en face d'un nouvel ennemi, le royalisme, à qui les changements récents de l'opinion publique donnaient une nouvelle vigueur. Dans cette circonstance, Bonaparte agit d'une manière très caractéristique. Par un trait vraiment singulier de machiavélisme, il se servit de la méprise dans laquelle il avait entraîné lui-même l'opinion publique pour écraser l'ennemi qu'il redoutait le plus en ce moment. Il fit arrêter et déporter cent trente individus qu'il savait innocents de ce complot, sous l'imputation générale de jacobinisme, en substituant à un jugement régulier une résolution, votée par la servilité du Sénat, qui déclarait cette mesure « conservatrice de la Constitution ». C'est ce qu'on appelle « Décret de nivôse », acte aussi coupable que celui de fructidor, et que Bonaparte accomplit avec une perfidie caractéristique.

Il poussait le talent de profiter de la victoire plus loin encore que celui de la gagner. Ces complots, bien loin de l'empêcher de monter au trône, furent par lui convertis en degrés qui lui en facilitèrent l'accès. Il en tira des arguments en faveur de l'hérédité qui, dans le cas de sa disparition subite, offrirait un successeur immédiat. Déjà, dans le *Parallèle entre César, Cromwell et Bonaparte* (octobre 1800), on avait fait valoir que l'hérédité seule pouvait empêcher la nation de retomber sous la domination des Assemblées, sous le joug de S (non pas Sieyès assurément, mais la Soldatesque) ou sous celui des Bourbons. Il fit aussi du complot

de nivôse, l'occasion d'une innovation consti
tutionnelle. Les Assemblées inventées par Sieyès
n'avaient été jusque-là que des inutilités, des
rouages de parade. En nivôse on établit le précédent d'accorder au Sénat un pouvoir constituant.
Il avait nominalement pour fonction de garder
la Constitution; on la convertit en fonction de
sanctionner les changements faits à la Constitution, en sorte que toute innovation devenait lé-
gale dès que le Sénat avait déclaré cette mesure
« conservatrice de la Constitution ». Entre les
mains de Bonaparte, un tel pouvoir ne devait pas
tarder à produire d'importantes conséquences.

C'est à l'occasion de la conclusion du traité
d'Amiens que le Premier Consul fit ouvertement
son premier pas vers la monarchie. Le Tribunat
déclara que, comme pacificateur du monde,
Bonaparte méritait une marque éclatante de la
reconnaissance publique. Alors le Sénat proposa
de le rééélire Premier Consul pour une autre pé-
période de dix années. Bonaparte, désappointé,
déclara qu'il ne pouvait accepter une proroga-
tion de sa magistrature que du peuple français;
c'est donc au peuple que la question fut posée,
mais sous cette forme nouvelle : Napoléon
Bonaparte doit-il être élu Consul à vie? Et le
peuple répondit affirmativement.

§ 4. — Rupture avec l'Angleterre. — Exécution du duc
d'Enghien. — Napoléon empereur. — Jugement de
Moreau.

On pouvait comprendre, dès 1803, que la
Révolution française était arrivée à son terme.
Le jacobinisme avait vécu, l'Église était restaurée, et tout le monde pouvait voir que Napoléon ne se proposait pas d'être le premier
président d'une république, mais bien le restaurateur d'une monarchie. On vit que cette nouvelle monarchie ne se distinguait de l'ancienne
que par un absolutisme plus rigoureux. La
France est couverte d'une armée de fonctionnaires serviles, dépendant absolument du gouvernement. Un silence étrange s'étend sur le
pays qui, sous l'ancien régime, retentissait des
débats — presque toujours inutiles, il est vrai,
— des parlements et des états. L'Europe pouvait
espérer que, le volcan s'étant épuisé, elle serait
désormais à l'abri de la guerre. Avec le jacobinisme disparaissait toute source de discorde.
Tout dépendait du seul Bonaparte qui, rassasié
de gloire militaire comme on pouvait le supposer, trouverait une occupation suffisante dans
la reconstitution du gouvernement et de l'ordre
social en France.

Hélas! l'ère nouvelle, comme on disait en 1803, fut encore plus féconde en guerres que l'époque de discordes inouïes qui venait de finir.

La France, en effet, restait dangereusement forte, et ce n'était pas seulement l'ardeur de Bonaparte pour les conquêtes qui assombrissait alors l'aspect des affaires, c'était la rivalité de la France et de l'Angleterre, éclatant plus violemment que jamais. La situation était de nature à donner à cette rivalité une intensité nouvelle. Bonaparte, dans sa gloire, trouvait insupportable de se soumettre à l'échec absolu de sa tentative sur l'Égypte; d'autre part l'Angleterre, en présence de la suprématie immense et menaçante de la France en Europe, devait s'attacher avec acharnement à la conservation du moindre avantage obtenu. L'affaire s'engagea à propos de Malte, cette position d'une importance sans égale, dont l'Angleterre aurait pu céder l'occupation à quelque État neutre, si Bonaparte avait été moins puissant et moins dangereux; d'autre part, il était amer et irritant pour ce dernier de penser que sa conquête favorite restait dans les mains des Anglais. « J'aimerais mieux », disait-il, « voir les Anglais « au faubourg Saint-Antoine qu'à Malte ».

Cette rupture entre la France et l'Angleterre

est le point de départ de l'ère napoléonienne,
et en détermine entièrement le caractère.

Elle est assez difficile à comprendre, parce
que, dans les onze années de guerre contre
l'Angleterre, les coups frappés par Bonaparte
n'ont jamais pu arriver jusqu'à son adversaire,
et parce que, dès le début, il avouait franchement à lord Whitworth « qu'il ne voyait pas
par quels moyens il pourrait atteindre la puissance anglaise ». Pourquoi donc s'engagea-t-il
dans cette guerre où il était condamné à rester
si absolument passif? Nous devons peut-être
admettre que sa confiance dans les faveurs de
la fortune avait été grandement accrue par ses
récents succès, particulièrement par Marengo,
et que, tout en déclarant à lord Whitworth que
l'invasion de l'Angleterre était presque impossible, il espérait cependant accomplir cette impossibilité, comme il en avait accompli déjà tant
d'autres. Il agitait sans doute d'avance dans son
esprit les méthodes indirectes dont il fit usage
plus tard : il emploierait, en cas de nécessité, les
flottes des autres puissances; il aurait recours
au blocus commercial; enfin, par un moyen ou
par un autre, il se sentait certain du succès.
Mais ce qui prouve bien qu'il avait la volonté
de faire la guerre, c'est qu'il autorisa l'impres-

sion au *Moniteur* du rapport de Sébastiani sur sa mission en Orient, rapport où l'on trouve. à chaque instant. des allusions à l'intention que conservait la France de réoccuper l'Égypte à la première occasion favorable. L'Angleterre en fut offensée et résolut de conserver Malte. Quand Bonaparte en appela au traité d'Amiens. l'Angleterre répliqua en montrant les nouvelles annexions de la France qui venait justement de diviser le Piémont en départements. Lord Whitworth raconte que Bonaparte répondit : « Ce sont des bagatelles ! » mais il ajoute dans une parenthèse qui n'a jamais été imprimée : « l'expression dont il se servit est trop triviale et trop vulgaire pour trouver place dans une dépêche ou ailleurs que dans la bouche d'un cocher de fiacre. »

La rupture donna lieu à des marques extraornaires d'irritation de la part de Bonaparte. Il retint prisonniers tous les Anglais résidant alors en France ; il déclara qu'il n'admettrait aucune neutralité, et, au fond, les guerres continentales qui suivirent. et au cours desquelles fut fondé l'empire napoléonien, eurent leur origine principale dans cette querelle. On aurait pu espérer qu'il s'efforcerait de vivre en paix avec les puissances continentales jusqu'au jour où il

aurait réglé ses comptes avec l'Angleterre ; mais
il se crut assez fort pour les forcer à marcher à
ses côtés, et pour en faire, contre leur volonté,
des adversaires de l'Angleterre. Depuis Lunéville, il se sentait maître de l'Allemagne. Par ce
traité, l'Autriche avait perdu son pouvoir sur
l'intérieur de l'Empire, et les princes allemands
de moindre importance acceptaient le patronage
de Napoléon ; il disposait en effet d'une foule
de propriétés, butin provenant des évêchés et
des communes qui avaient été dépouillés pour
fournir l'indemnité attribuée aux princes déposs-
sédés sur la rive gauche du Rhin. Aussi n'hésite-
t-il pas, après sa rupture avec l'Angleterre,
à prendre position au cœur de l'Allemagne en
saisissant le Hanovre.

Bonaparte exécute tous ces actes, tandis qu'il
n'est encore que Premier Consul de la République française. Mais la rupture avec l'Angleterre
lui fournit l'occasion de jeter le dernier masque
et de rétablir ouvertement la monarchie. C'était
un pas à franchir qui réclamait toute son audace
et toute son habileté. Il avait écrasé le jacobinisme, mais deux de ses grands adversaires
tenaient encore le champ : le premier, c'était le
républicanisme modéré qu'on pourrait appeler
girondisme, largement répandu dans toutes les

classes et particulièrement dans l'armée. Le second, c'était l'antique royalisme qui, après bien des années de faiblesse et d'abandon, reprenait vie depuis Brumaire. Ces deux partis, quoique hostiles l'un à l'autre, furent poussés à une sorte d'alliance par la nouvelle attitude de Bonaparte qui entraînait rapidement la France à une révolution intérieure, en même temps qu'à une terrible guerre étrangère. Les royalistes réfugiés en Angleterre commençaient à se mettre en communications avec les républicains modérés, en France : Pichegru était l'agent des premiers, et le grand représentant des seconds était Moreau, qui avait aidé au succès de Brumaire probablement dans l'espoir tacite de s'élever à son tour au consulat, quand Bonaparte aurait rempli son mandat ; il était en conséquence blessé dans ses intérêts personnels, aussi bien que dans ses convictions républicaines. Bonaparte surveillait ce mouvement par sa police *omni-présente*, et, suivant sa tactique caractéristique, il résolut non seulement de le faire échouer, mais de s'en servir comme d'un marchepied pour arriver au trône. Il ruinerait Moreau en le marquant au front du stigmate de royalisme, et il persuaderait à la France de faire un Empereur de son Premier Consul afin de se préserver des Bourbons. Il mit son plan à exécution avec cette habileté particulière dont il fit toujours preuve dans la basse intrigue. En 1797, Moreau avait encouru un blâme pour n'avoir pas dénoncé les rapports de Pichegru avec les royalistes. Si maintenant on constatait des relations et des conférences avec ce même Pichegru dans un moment où il était occupé à tramer une conspiration royaliste, ces relations associaient de plus près le nom de Moreau avec le royalisme, et le compromettaient d'autant plus que Pichegru avait amené avec lui des partisans décidés à toutes les violences, comme Georges Cadoudal le Chouan. Sans nul doute Moreau aurait vu avec satisfaction et aurait même favorisé sans hésiter une insurrection contre Bonaparte ; tout républicain et même tout patriote aurait à ce moment risqué sa vie pour sauver la France de la ruine où Bonaparte allait la précipiter. Mais Bonaparte réussit à associer le nom de Moreau avec les projets royalistes et les plans d'assassinat. Maître du Sénat, il put supprimer le jury ; maître de tous les moyens de publicité, il put supprimer l'opinion ; quant à l'armée, la forteresse de Moreau, il la gagna en se servant de sa haine contre le royalisme. C'est par ces moyens qu'il parvint à se débarrasser de son dernier rival personnel. Restaient les royalistes ; Bonaparte espérait se saisir de leur chef, le comte d'Artois, qui, d'après des rapports de police, devait rejoindre Pichegru et Georges à Paris. Nous pouvons deviner ce que Bonaparte aurait fait de lui par le parti qu'il prit quand il sut que le comte ne viendrait pas. Le 15 mars 1804, un peloton de dragons saisit à Ettenheim, dans le duché de Bade, le duc d'Enghien, petit-fils du prince de Condé, et l'amena à Paris, où il arriva le 20. Il fut emprisonné au château de Vincennes et passa, le lendemain, à deux heures du matin, devant une commission militaire. On lui demanda s'il avait porté les armes contre la République : il reconnut qu'il l'avait fait. On le plaça alors dans une cage d'escalier au-dessus du fossé du château, on le fusilla, et on l'ensevelit dans le fossé même.

Cet acte était en parfaite harmonie avec les principes que professait Bonaparte ; il n'est donc pas besoin de recourir à une méprise ou à un accès accidentel de colère pour l'expliquer. Peu de temps auparavant, il avait fait au prétendant royal, par l'intermédiaire du roi de Prusse, l'offre formelle de lui assurer une forte pension en échange du complet abandon de ses droits. Cette offre avait été repoussée, et Bonaparte se sentait libre. Il s'arrêta à cette conclusion judicieuse qu'il fallait frapper cette famille à la tête. Ni Louis, ni Charles, n'étaient précisément des héros ; et d'ailleurs, le parti révolutionnaire tout entier devait applaudir à une nouvelle tragédie semblable à celle de janvier 1793. Ainsi, Bernadotte et Curée en furent charmés. Que le duc d'Enghien fût innocent de la conspiration, cela ne faisait rien au résultat : c'était une exécution politique, et non un acte de justice ; en conséquence l'accusation ne porta même pas sur sa complicité. L'exécution frapperait sans doute d'horreur les cabinets étrangers, et pourrait amener une nouvelle coalition, mais c'était là une de ces considérations que Bonaparte dédaignait systématiquement à cette époque.

Cette affaire conduisit immédiatement à la pensée d'assurer l'hérédité du pouvoir dans la famille Bonaparte. Cette conséquence semble s'être imposée d'elle-même aussi bien aux républicains avancés qu'à ceux des citoyens à qui ce meurtre inspirait le plus d'horreur. Donner plus de sécurité à la situation de Bonaparte semblait le seul moyen d'éviter un nouveau règne de la Terreur, ou de nouvelles convulsions. Pour lui, il ressentait quelque peu d'em-

barras. Comme Cromwell, il s'effrayait du républicanisme de l'armée : puis l'hérédité pure et
simple le mettait immédiatement en face de la
question du divorce avec Joséphine. Pour se
concilier l'armée, il choisit parmi les titres qu'on
lui suggérait — consul, stathouder, etc., — celui
d'empereur, qui, sans aucun doute, était le plus
convenable, et qui résonnait d'une façon suffisamment militaire. On parvint à éluder la seconde difficulté, après de longues et violentes
discussions entre les familles Bonaparte et
Beauharnais, en donnant à Bonaparte lui-même
(mais non à ses successeurs) la faculté d'adoption, et en désignant pour lui succéder, à défaut
d'héritier direct, naturel ou adoptif, d'abord
Joseph et ses descendants, ensuite Louis et ses
descendants. On prit soin de ne pas employer
le titre de roi, mais, sauf ce point, on ne fit
aucun effort pour voiler l'abandon de la République. Bonaparte devait porter le nom de « Napoléon », avec les titres de « Sire » et de « Ma-
jesté ». On nomma de grands dignitaires avec
des titres magnifiques, le second et le troisième
Consuls devinrent l'un archi-chancelier, l'autre
archi-trésorier ; enfin l'appellation de « citoyen »
fut dès lors remplacée par celle de « monsieur ».
Ce fut le Sénat qui décréta ces changements en

vertu de son pouvoir constituant ; le sénatus-consulte est daté du 18 mai 1804. Le titre d'Empereur répondait encore à une pensée plus profonde : adopté au moment où Napoléon commençait à se sentir maître de l'Italie et de l'Allemagne, il rappelait le souvenir de Charlemagne. C'est pour ce motif que ce titre était agréable à Napoléon, et, chose étrange, il satisfit plutôt qu'il n'offensa le chef du Saint Empire Romain, François II. Depuis Joseph, les empereurs de la famille des Habsbourg étaient fatigués d'un titre qui, étant électif, se trouvait par cela même précaire. Ils désiraient devenir empereurs héréditaires d'Autriche et ils prirent ce second titre à cette occasion (sans cependant abandonner le premier immédiatement). Après négociations, François II consentit à reconnaître le nouveau titre de Napoléon, à condition que Napoléon reconnaîtrait le sien.

Il fallait une certaine impudence pour condamner Moreau comme royaliste à l'instant même où son rival rétablissait la monarchie. Néanmoins le jugement commença le 15 mai. Le prétendu suicide de Pichegru dans sa prison, le 6 avril, fournit au règne du nouveau sultan son premier et sombre mystère. Moreau fut condamné à deux ans d'emprisonnement, mais il fut autorisé à se retirer aux États-Unis.

CHAPITRE IV

L'EMPEREUR

§ 1. — Projets contre l'Angleterre et le Continent. —
Couronnement de Napoléon.

Ces changements détruisirent tout ce qui restait
de vie politique en France. Le jacobinisme avait
été anéanti en nivôse; maintenant le républicanisme et le royalisme furent paralysés. Désormais il n'y a plus en France d'autre autorité
ou d'autre personnalité que Bonaparte; c'est à
ses ordres absolus qu'obéissent une grande
nation et une incomparable armée. Il avait entrepris de terminer la querelle qui avait occupé
la France pendant tout le xviiie siècle, et d'abaisser la puissance de l'Angleterre. La prudence la
plus ordinaire ne devait-elle pas lui faire comprendre l'avantage qu'il y avait à remettre à
plus tard les desseins agressifs qu'il pouvait en-
tretenir contre les puissances du Continent ?

Depuis Brumaire, il avait fait beaucoup pour réconcilier l'Europe avec son gouvernement; n'était-il pas, plus évidemment encore, d'une bonne politique de continuer à suivre la voie de la conciliation, au moment où il réunissait les forces de l'Europe sous sa direction pour combattre « le tyran des mers » ? Par une méprise étrange, il prit le parti contraire, et au moment même où sa grande entreprise contre l'Angleterre était en suspens, il étendit si audacieusement son autorité en Italie, il se conduisit avec tant de hauteur envers les puissances germaniques, et heurta l'opinion générale par des actes d'un jacobinisme si extrême, qu'il fit naître une nouvelle coalition européenne contre lui. Ce fut l'erreur capitale de sa vie. Il ne lui était pas possible, à la longue, de lutter à la fois contre l'Angleterre et contre le Continent ; et il commit, dès le début, la faute irréparable de ne pas diviser ces deux adversaires. Il semble même qu'il commença la lutte avec la pensée (étrange erreur d'appréciation qui l'aurait conduit à une ruine extrêmement rapide) d'envahir l'Angleterre tout en faisant la guerre au Continent. Supposons cette invasion heureusement commencée, nous voyons la France replacée dans la situation de 1799, ayant son meilleur général et sa meilleure armée séparés d'elle par la mer, tandis que l'Autriche, la Russie, et peut-être la Prusse poussent leurs armées sur la rive gauche du Rhin ; nous voyons aussi que la situation aurait été bien plus mauvaise qu'en 1799, car, en 1805, la France sans Bonaparte aurait été complètement paralysée. En réalité, l'échec complet de son entreprise contre l'Angleterre lui laissa la ressource d'une campagne triomphante en Allemagne, et Ulm cacha Trafalgar aux yeux du Continent.

La coalition européenne avait été désarmée, depuis Brumaire, par la croyance que le gouvernement de Bonaparte était bien moins agressif que celui du Directoire; mais en 1803, cette croyance fut remplacée par la conviction qu'il était tout aussi agressif et beaucoup plus dangereux. L'Angleterre pouvait donc espérer de ressusciter la coalition, et, au printemps de 1804, elle rappela Pitt au pouvoir, afin qu'il prît cette affaire en main. Les procédés violents de Bonaparte à l'occasion de la rupture de la paix, son occupation du Hanovre, sa persécution contre les représentants de l'Angleterre en Allemagne, — Spencer Smith à Stuttgart, Drake à Munich, sir G. Rumbold à Hambourg, — firent naître une alarme plus grande que celle de 1798, et le meurtre du duc d'Enghien inspira aux gouvernements autant de crainte que d'horreur. Les conquêtes, suivies d'annexions de territoires, se faisaient aussi rapidement et aussi ouvertement qu'en 1798. On pouvait comparer le nouvel empire à celui de Charlemagne, qui s'étendait sur l'Italie et l'Allemagne : et le 2 décembre 1804, eut lieu à Notre-Dame de Paris la parodie de la fameuse transmission de l'empire d'Occident : Pie VII vint à Paris pour couronner Napoléon; mais celui-ci prit la couronne des mains du pape et la plaça lui-même sur sa propre tête. Cependant la République Italienne était transformée en un royaume que Bonaparte eut d'abord l'intention de donner à son frère Joseph, mais que, en fin de compte, il garda pour lui. Au printemps de 1805, quelques mois à peine après le sacre de Notre-Dame, il visita l'Italie, et reçut à Milan la couronne de fer des rois Lombards (26 mai). Un peu plus tard, il annexa au royaume d'Italie la République Ligurienne, et trouva dans les duchés de Lucques et de Piombino une principauté pour son beau-frère Bacciochi. Ses actes semblaient prouver que non seulement il était prêt à renouveler immédiatement la lutte contre l'Europe, mais encore qu'il la désirait. Ce fut donc en quelque sorte malgré lui que, à l'automne de 1805, il n'eut pas à soutenir une lutte désespérée au cœur de l'Angleterre, en même temps qu'il combattait les Autrichiens et les Russes en Allemagne ; ce fut aussi en quelque sorte malgré lui qu'il n'eut pas aussi à combattre en même temps les Prussiens, car ses agressions avaient presque poussé la Prusse au désespoir, et sauf une seule fois, dans l'affaire de sir G. Rumbold, il n'avait jamais montré pour elle la moindre considération. Cependant, dans les premiers temps, la fortune ne sembla pas le favoriser.

Si, en France, l'opinion publique eût été moins dominée, si la frivolité de la nation n'eût pas été aussi habilement amusée par les fastueuses parades de la nouvelle cour et le sacre de Notre-Dame, on aurait remarqué que, après avoir engagé la France dans une guerre avec l'Angleterre, Bonaparte avait laissé passer la moitié de l'année 1803, toute l'année 1804, et plus de la moitié de 1805 sans frapper un seul coup ; qu'après des préparatifs gigantesques et ruineux, la tentative d'invasion avait été abandonnée, et qu'enfin, la défaite écrasante de Trafalgar laissait la France sans moyens d'action contre l'Angleterre, jusqu'à la fin de la guerre. Pour arriver à comprendre un peu la conduite qu'il tint, on doit nécessairement admettre que l'enivrement de la campagne de Marengo troublait encore son intelligence : de même qu'il avait alors, contrairement à toute attente, franchi les Alpes, écrasé l'ennemi, et repris immédiatement le chemin de Paris, il croyait sans aucun doute franchir le détroit, signer la paix à Londres, et revenir, au bout d'un mois, muni d'une indemnité fabuleuse, en temps utile pour battre la coalition en Allemagne. La conquête de l'Angleterre valait bien une attente de deux années; mais sa position devint critique lorsque, après avoir perdu ces deux années, il se vit obligé de reconnaître son impuissance. Il rétablit soudain sa situation en obtenant un triomphe, sans doute moins complet que celui qu'il avait rêvé, mais néanmoins prodigieux, — le plus grand des triomphes de sa vie. Au moment où son plan d'invasion de l'Angleterre se terminait par un échec lamentable, il trouva une autre combinaison, moins gigantesque, mais plus solide, qu'il exécuta avec une précision, une rapidité et une mystère qui n'appartenaient qu'à lui. Pendant les cinq années qui s'étaient écoulées depuis Marengo, sa position s'était bien améliorée au point de vue d'une guerre continentale. Il n'avait alors aucune base d'opération soit en

Allemagne, soit en Italie, et sa nouvelle fonction de Premier Consul ne lui donnait qu'une autorité incertaine sur les armées, qui n'étaient pas elles-mêmes dans d'excellentes conditions. Maintenant, au contraire, son autorité sur l'armée était absolue, et ses troupes, après cinq ans d'impérialisme, étaient admirablement organisées ; il possédait l'Italie du Nord jusqu'à l'Adige ; et, depuis la révolution allemande de 1803, la Bavière, le Wurtemberg et le pays de Bade s'étaient ralliés à lui. Aussi, comme la coalition ne comprenait que l'Autriche, la Russie et l'Angleterre, il pouvait compter sur le succès, et plus sûrement encore s'il pouvait frapper l'Autriche avant l'arrivée de l'armée russe. Il est étrange que l'on n'ait pas ici à tenir compte de la Prusse, car on pensait alors que l'armée prussienne (forte de 250,000 hommes), était capable de tenir tête, à elle seule, à l'armée française. Il est vrai que depuis dix ans la Prusse s'efforçait de garder une attitude réservée indiquant autant de méfiance de la France, d'une part, que de sa vieille rivale, l'Autriche, ou de sa puissante voisine, la Russie, d'autre part. Elle demeurait obstinément fidèle à son étrange système d'immuable neutralité, et pendant cette campagne, chacun des deux partis dut marcher au combat en se demandant avec anxiété si le poids prodigieux de l'armée de Frédéric ne serait pas tout à coup jeté dans la balance. Ce fut à la fin d'août 1805 que Napoléon exécuta soudain son changement de front. Au commencement de ce mois, il était encore tout occupé de l'invasion de l'Angleterre. Depuis les premiers jours de mars, avaient lieu des manœuvres navales d'une importance exceptionnelle. dans le but d'attirer les flottes anglaises loin du détroit. et de donner ainsi à l'armée d'invasion l'occasion de faire la traversée sur une flottille protégée par la flotte française. Mais en dépit de toutes les manœuvres, une grande flotte anglaise resta stationnée dans les eaux de Brest, et Nelson. un instant entraîné jusqu'aux Barbades, revint en toute hâte. Dans les derniers jours d'août, l'amiral Villeneuve. sorti du Ferrol, se laissa intimider par la nouvelle de l'approche d'une flotte anglaise, et au lieu de faire route au Nord, tourna vers le Sud et se retira à Cadix. Alors, et seulement alors, Napoléon admit que son entreprise avait échoué, et vit la nécessité de voiler cet échec par quelque haut fait. accompli sur un autre théâtre. Il résolut de jeter immédiatement toutes ses forces sur la coalition. Quant à la Prusse, on la gagnerait par le don précieux du Hanovre,

§ 2. — Campagne contre l'Autriche et la Russie. — Capitulation d'Ulm. — Bataille d'Austerlitz. — Guerre avec la Prusse. — Iéna et Auerstaedt. — Eylau. — Friedland. — Traité de Tilsitt.

Cinq années s'étaient écoulées sans que Napoléon entrât en campagne, lorsque commença la seconde période de sa carrière militaire. Il fait maintenant la guerre en souverain qui dispose de ressources illimitées. Pendant cinq années, de 1805 à 1809, il prend régulièrement les armes, et c'est dans ces cinq campagnes qu'il fonde le grand empire napoléonien. Par la première, il brise le système germanique et rattache à la France les petits États allemands : par la seconde, il accable la Prusse : par la troisième, il oblige la Russie à entrer dans son alliance ; par la quatrième, il soumet l'Espagne : par la cinquième, il abat l'Autriche. Alors survient une seconde pause ; pendant trois années l'épée de Napoléon reste dans le fourreau : il cesse d'être soldat pour redevenir chef d'État.

Remarquons qu'il marche au combat sans dessein arrêté de conquêtes, mais simplement pour se défendre contre la coalition. Puis la fortune l'entraîne de triomphe en triomphe, et pendant toutes ces guerres, il n'a pas d'autre plan arrêté que de tourner toutes les forces du Continent contre l'Angleterre.

Dans ses combinaisons stratégiques. Napoléon cherche toujours à écraser par surprise ses adversaires. De même qu'en 1800, quand tous les regards étaient fixés sur Gênes, et que les Autrichiens espéraient prendre cette ville comme base d'opérations pour pénétrer en France, il les jeta dans une confusion pleine de périls en traversant les Alpes et en marchant non pas sur Gênes, mais sur Milan, ainsi, dans cette campagne de 1805, il apparaît non pas sur le front de l'armée autrichienne, mais sur ses derrières, et lui coupe la route de Vienne. La fidélité vacillante des Bavarois avait forcé les Autrichiens à passer l'Inn et à s'avancer en Bavière jusqu'à Ulm. Il était convenu que les Russes devaient les y rejoindre, et que l'armée ainsi réunie envahirait la France ; ils se berçaient de cette espérance qu'ils allaient eux-mêmes surprendre Napoléon. Il convient de remarquer que, de toutes les coalitions, c'est celle-ci qui semble avoir été combinée avec le moins de soin et de précision, principalement en raison de l'étroitesse d'esprit et de l'inexpérience d'Alexandre. L'Autriche entama précipitamment l'action et se trouva isolée au mo-

ment où elle aurait eu un besoin urgent de l'aide
des Russes, et fut aussi entièrement désap-
pointée du côté de la Prusse, dont elle espérait le
secours. En outre, souvent malheureuse dans le
choix de ses généraux, elle avait fait, cette fois,
un choix plus détestable que jamais. C'était
Mack, ce même général qui, en 1799, à Naples,
s'était attiré les dédains impatients de Nelson,
qui avait maintenant mission de tenir tête à Napoléon au faîte de sa puissance. Mack occupa la
ligne de l'Iller, d'Ulm à Memmingen, comptant
qu'il serait attaqué de front, car, personnellement, Napoléon n'avait pas quitté Strasbourg.
Pendant ce temps, les troupes françaises descen-
daient en masse du Hanovre et remontaient le
Rhin, en traitant les petits États allemands
moitié en alliés, moitié en provinces conquises,
violaient toutes les neutralités, même celle de
la Prusse, et venaient prendre position sur le
Danube, de Donauworth à Ratisbonne, bien loin
en arrière de Mack. La surprise fut si complète
que ce général, qui dans les premiers jours
d'octobre prononçait des paroles pleines d'espérance et de confiance, mettait bas les armes
dans Ulm, le 17 de ce même mois, avec 26,000
hommes, tandis qu'une autre division autrichienne, celle de Werneck, se rendait, le 18, à

Murat, non loin de Nordlingue. En un mois, la
première armée autrichienne tout entière, comprenant environ 80.000 hommes, se trouva détruite. Napoléon, maître de la Bavière, rappela
l'électeur à Munich et reçut les félicitations des
électeurs de Wurtemberg et de Bade (qui venaient justement de recevoir ce titre d'électeurs). C'était la répétition du coup de foudre
de Marengo, mais sans la bataille douteuse,
et sans la bonne fortune imméritée.

Après Marengo, il avait laissé à Moreau l'honneur de gagner la bataille décisive et de terminer la guerre; cette fois, il n'y avait pas de
Moreau pour partager ses lauriers. La seconde
partie de la campagne commence immédiatement. Le 28 octobre, Napoléon écrit qu'une
division de son armée a traversé l'Inn. Maintenant ce sont les Russes qu'il a en face de lui,
au nombre de quarante mille, sous les ordres
de Kutusoff. Le 4 novembre, Napoléon atteint
Linz, où Gyulai lui apporte une proposition
d'armistice de la part de l'Empereur. Il répond
en demandant la cession de Venise et du Tyrol,
et insiste pour que les Russes soient exclus de
la négociation. Comme il le prévoyait sans
doute, Gyulai ne se crut pas autorisé à accepter
ces conditions. Mais Napoléon ne voulait pas

cette fois, comme en 1797 et en 1800, s'arrêter
sans entrer à Vienne. Rien ne pouvait désormais arrêter sa marche en avant, car les autres
armées autrichiennes, celle de l'archiduc Jean,
dans le Tyrol, et celle de l'archiduc Charles,
sur l'Adige, étaient tenues en échec par Ney et
Masséna, et forcées à la fin de se retirer en
Hongrie par la Carniole, au lieu de marcher au
secours de Vienne. Le 14 novembre, il date ses
lettres du palais de Schönbrunn; la veille, Murat était entré à Vienne, que l'empereur d'Autriche, par des motifs d'humanité, n'avait pas
voulu défendre; les Français réussirent aussi,
par une ruse sans scrupules, à se mettre en
possession des ponts sur le Danube. Jusque-là
sa marche avait été un triomphe, et cependant
il se trouvait alors dans une position extrêmement critique; l'archiduc Charles arrivait de
la Hongrie avec 80.000 Autrichiens; une seconde armée russe entrait en Moravie pour rejoindre Kutusoff qui, avec une grande habileté,
avait su échapper à la poursuite de Murat après
l'occupation de Vienne. Quoique Napoléon eût
amené 200,000 hommes en Allemagne, comme
il était obligé de garder ses communications
tout le long de la vallée du Danube, il n'avait
pas une grande force disponible pour le combat;

et, ce qui était beaucoup plus sérieux, il avait imprudemment poussé la Prusse dans le camp de ses adversaires. Les troupes françaises avaient traversé le territoire prussien d'Ansbach, et violé sa neutralité; en conséquence, le 3 novembre, pendant que Napoléon était à Linz, la Prusse avait signé avec la Russie le traité de Potsdam, qui mettait au service de la coalition 180,000 hommes des troupes les mieux exercées du monde. Grande avait été la témérité de Napoléon : car si son initiative audacieuse était souvent soutenue par l'habileté et le génie, elle était rarement tempérée par la prudence. Dans cette situation, on peut se demander comment il espérait pouvoir jamais regagner la France? La Prusse allait lui barrer le chemin, comme il avait lui-même coupé celui de Mack. L'armée de Frédéric occuperait la vallée du Danube entre lui et la France, tandis que les Russes et les Autrichiens, réunis sous le commandement de l'archiduc, viendraient l'attaquer dans Vienne.

Comme à Marengo, la fortune favorisa sa hasardeuse stratégie : les alliés n'avaient qu'à savoir attendre, mais les Russes et leur jeune czar, qui avait maintenant son quartier général en Moravie, ne voulurent pas y consentir. Le

czar était entouré de conseillers jeunes et témé-
raires, et les Russes se rappelant les triomphes
de Souvaroff en 1799, et remarquant que presque toutes les victoires de Napoléon avaient
été gagnées jusque-là sur les Autrichiens,
n'avaient pas encore appris à le redouter. Napoléon eut connaissance de leur confiance excessive par Savary, qu'il avait envoyé au czar avec
des propositions de paix ; il réussit à augmenter
cette confiance en se plaignant à Dolgorouki.
qui lui avait été envoyé par le czar, de ce que
son armée était dans de mauvaises conditions.
Le résultat fut que les Russes (80,000 hommes
aidés d'environ 15,000 Autrichiens) vinrent, le
2 décembre 1805, livrer à Austerlitz une bataille qui mit fin à la troisième coalition, comme
Hohenlinden avait terminé la seconde. Jamais
la supériorité de Napoléon ne fut plus manifeste ; les Russes perdirent plus de 20,000 hommes, les Autrichiens 6.000. Les premiers se
mirent en retraite immédiatement, sous la protection d'une convention militaire, et avant la
fin de l'année 1805, Napoléon conclut avec l'Autriche le traité de Presbourg (26 décembre), et
avec la Prusse celui de Schönbrunn (15 décembre).

Ce fut un coup de théâtre plus merveilleux

encore que celui de Marengo, et qui changea
complètement la situation de Napoléon devant
l'Europe. A la vérité, Austerlitz ne fit pas
éprouver à la France une joie égale à celle
qu'avait causée Marengo, car cette victoire ne
délivrait pas la patrie du danger de l'invasion,
et ne faisait que la conduire d'une situation
éminente et périlleuse à une autre plus éminente et plus périlleuse encore. Mais comme
triomphe militaire, Austerlitz l'emportait de
beaucoup sur Marengo ; il prouvait l'excellence
de l'armée et sa puissante organisation (l'illusion de la liberté n'était pas encore complètement dissipée) et montrait le chef de cette armée
dans la plénitude de son habileté tactique. Par
ses résultats historiques, cette victoire est plus
grande encore ; elle compte parmi les grands
événements du monde, car non seulement elle
fonda l'empire éphémère de Napoléon, en donnant la Vénétie à la monarchie napoléonienne
d'Italie, le Tyrol et le Vorarlberg au roi de Bavière, nouveau client de Napoléon ; mais encore
elle détruisit le Saint-Empire Romain en divisant
les restes de la haute Autriche entre le Wurtemberg et le duché de Bade.

Pendant l'été de 1806, l'empereur d'Autriche
(ce titre lui appartenait depuis 1804) abdiqua

solennellement le titre d'empereur romain ; l'antique diète de Ratisbonne fut dissoute, et on créa, sous le nom de Confédération du Rhin, une nouvelle organisation qui réunissait les petits États de l'Allemagne sous le protectorat de Napoléon, à peu près comme ils étaient réunis naguère sous la présidence de l'Autriche. En même temps la Bavière et le Wurtemberg furent élevés au rang de royaumes. Malgré tous les changements qui se sont produits depuis cette transformation, le Saint-Empire Romain n'a jamais été rappelé à l'existence, et sa disparition reste l'événement le plus important de l'histoire moderne de l'Allemagne.

Mais Austerlitz fut plus grand que Marengo d'une autre manière encore. Cette dernière victoire avait amené le calme et avait été suivie d'une paix qui dura plus de quatre années. Au contraire, l'équilibre établi après Austerlitz était de l'espèce la plus instable ; il ne fut que momentané et fut bientôt suivi d'une série d'épouvantables convulsions. La seule nouvelle du résultat de la bataille suffit pour hâter la mort de William Pitt. L'ascendant de la France existait depuis 1797, et le gouvernement de Napoléon avait promis d'abord de rendre cette domination plus supportable. Depuis 1803, cette espérance s'était évanouie; mais maintenant cet ascendant se transformait tout à coup en quelque chose de semblable à une monarchie universelle. Toute stabilité devenait impossible en Europe. La première moitié de 1806 fut consacrée à la reconstruction intérieure de l'Allemagne et aux négociations de paix avec les deux grands belligérants restés sous les armes après que l'Autriche et la Prusse les eurent déposées. l'Angleterre et la Russie. Mais ces négociations échouèrent, et leur échec raviva la coalition. Du côté de l'Angleterre, Fox montra soudain toute la fermeté de Pitt, et le czar refusa de ratifier le traité que d'Oubril, son représentant à Paris, venait de signer. Tout dépendait donc de la Prusse, et cette fois encore, Napoléon adopta l'étrange politique qui, une année auparavant, avait armé toute l'Europe contre lui. Au lieu de détacher la Prusse de la coalition par des avances amicales, il l'y rejeta par son imprudente arrogance. Au moment même où elle se voyait presque chassée de l'Allemagne par la nouvelle confédération, elle apprit que Napoléon était en pourparlers avec l'Angleterre pour la restitution du Hanovre à George III. Au mois d'août 1806, juste au moment de la dissolution du Saint-Empire Romain et de la formation de la Confédération du Rhin, la Prusse mobilisa tout à coup son armée, et, presque au même instant, la Russie rejeta le traité. C'était en réalité une nouvelle coalition, ou le renouvellement de l'ancienne, avec la Prusse à la place de l'Autriche. Le 10 septembre, Napoléon écrit : « La Prusse veut une leçon. » Personne ne connaissait aussi bien que lui l'avantage que donne la décision et la rapidité. L'année précédente il avait réussi à écraser les Autrichiens avant que les Russes pussent arriver ; il avait maintenant contre la Prusse l'avantage du long isolement politique de cette puissance, et l'impossibilité où elle était de recevoir immédiatement le secours de la Russie ou de l'Angleterre ; en ce moment elle n'avait pour appui que la Saxe et la Hesse-Cassel, tandis que l'armée française, forte de 200,000 hommes, occupait déjà la Bavière et la Souabe, d'où elle pouvait, en peu de jours, arriver sur le théâtre de l'action. L'année précédente, l'Autriche avait été ruinée par l'incapacité de Mack ; cette fois la Prusse souffrit d'une incapacité générale répandue dans les rangs élevés des services militaire et civil. Des généraux trop vieux, comme Brunswick et Mollendorf ; un système militaire affaibli par une longue paix, une politique sans netteté avaient transformé la grande puissance fondée par Frédéric en un corps sans âme. Les principaux incidents de la nouvelle guerre furent presque l'exacte répétition de ceux de la guerre qui venait de finir. De même que Napoléon avait surpris les Autrichiens à Ulm, il écrase les Prussiens à Iéna et Auerstaedt (14 octobre) avant l'arrivée des Russes ; comme il était entré dans Vienne, il entre maintenant à Berlin (27 octobre) ; comme il avait dû procéder à une seconde guerre en Moravie, dans laquelle les Autrichiens ne furent plus que les soutiens des Russes, de même, de novembre 1806 à juin 1807, il combat, dans la Prusse orientale, les Russes soutenus par un petit nombre de Prussiens ; et comme, malgré tous ses succès, il aurait pu être perdu par l'intervention de la Prusse, de même cette fois, si l'Autriche avait repris les armes, il eût pu trouver bien difficile de regagner la France. Ainsi qu'ils avaient fait à Austerlitz en 1805, les Russes, à Friedland, en juin 1807, courent hâtivement à une bataille décisive par laquelle ils ruinent leurs alliés sans se ruiner eux-mêmes ; enfin, de même que l'Autriche à Presbourg, la Prusse, à Tilsitt, signe un traité très humiliant, tandis que la Russie, comme en 1805, échappe au désastre, non pas cette fois en se retirant simplement de la scène, mais à l'aide d'un traité par lequel Napoléon l'admet au partage des dépouilles des vaincus.

C'était là une seconde catastrophe bien plus surprenante et plus désastreuse que celle qu'elle suivait de si près. La défaite de l'Autriche en 1805 ressemblait à ses défaites antérieures de 1800 et de 1797 ; Ulm ressemblait à Hohenlinden, et le traité de Presbourg à celui de Lunéville. Mais la double défaite d'Iéna et d'Auerstaedt, qui rejeta deux armés vaincues l'une sur l'autre, et les ruina ainsi toutes les deux, anéantit la création du grand Frédéric. Elle fut suivie d'une panique générale, de la reddition des places fortes et de la soumission des fonctionnaires civils, dans de telles proportions que cela ressemblait presque à la dissolution de l'État prussien. La défense de Colberg par Gneisenau, et la belle conduite des troupes prussiennes commandés par Lestocq, à Eylau, furent presque les seuls faits d'armes relevant l'honneur de cette célèbre armée qui, un demi-siècle auparavant, avait tenu tête pendant sept ans aux attaques simultanées de trois grandes puissances. Cet écrasement se résuma dans le traité de Tilsitt, qui fut beaucoup plus désastreux pour la Prusse que celui de Presbourg ne l'avait été pour l'Autriche. La Prusse laissait des lambeaux de son territoire à la Saxe, à la Russie et au jeune royaume de Westphalie, nouvellement établi par Napoléon. Sa population était réduite de moitié; son armée était ramenée de 250,000 hommes à 42,000 (ce fut le chiffre fixé un peu plus tard dans le traité de septembre 1808), et Napoléon, par un trait de duplicité, parvint à lui imposer pendant un certain temps l'entretien d'une armée française de 150,000 hommes. Elle était, en réalité, et resta jusqu'en 1813, un État conquis. La Russie, au contraire, s'en tira avec plus d'honneur et moins de pertes que dans la campagne précédente. A Eylau, en janvier 1807, elle racheta en partie Austerlitz. Ce fut peut-être la plus meurtrière des batailles livrées depuis le commencement des guerres de cette période, et ce ne fut pas une défaite. A Friedland également, la victoire fut bien disputée.

Encore un grand triomphe pour Napoléon! Mais, plus tard, il lui vint sans doute à la pensée qu'il avait transformé en son plus mortel ennemi cette Prusse qui, depuis dix ans, était pour la France la plus amicale de toutes les grandes puissances. Le 26 avril, par le traité de Bartenstein, la Prusse s'était jointe dans toutes les formes à la coalition européenne.

§ 3. — Napoléon roi des rois.

Pendant les deux années qui s'écoulèrent
entre le mois d'août 1805 et le traité de Tilsitt.
Napoléon s'était laissé détourner de son plan
primitif d'invasion de l'Angleterre. Mais il
semble y revenir maintenant par une autre
route. L'Angleterre avait coalisé l'Europe contre lui; ne pouvait-il coaliser l'Europe contre
l'Angleterre ? L'Autriche était abaissée; la
Prusse était à ses pieds; pourquoi la Russie
prendrait-elle désormais parti contre lui avec
l'Angleterre? Dès le début, elle s'était faiblement
intéressée aux guerres de l'Occident; et si, sous
Catherine, cet intérêt avait semblé plus vif, ce
n'avait été qu'une feinte pour détourner les
regards de l'Europe de ses conquêtes orientales;
et peut-être Alexandre en 1805 et 1806, n'avait-il
pas été entièrement exempt d'une semblable
hypocrisie. Les Russes eux-mêmes le sentaient
si bien, qu'après Friedland, ils obligèrent Alexandre à abandonner les nouvelles combinaisons si
récemment arrêtées à Bartenstein, et à faire la
paix. Napoléon entrevit alors la possibilité de
faire d'Alexandre un allié de la France, comme
Paul l'était devenu après avoir abandonné

la deuxième coalition. La grande Catherine et, après elle, Paul avaient attaqué la tyrannie de l'Angleterre sur les mers; en revenant à cette tradition, la politique russe pouvait apporter sa coopération à Napoléon; et si la Russie n'avait pour but réel que d'obtenir la liberté d'action du côté de la Turquie, elle pouvait aussi bien obtenir cette liberté en s'entendant directement avec lui, qu'en retenant ses armées en Allemagne. Telle fut la base du traité de Tilsitt, négocié entre Napoléon et Alexandre sur un radeau dans le Niémen. Avec ce traité commence une nouvelle phase dans la lutte entre Napoléon et l'Angleterre. Non seulement la Russie abandonne l'Angleterre, mais elle s'unit à la France pour la combattre. Jusqu'ici nous avons parlé de coalitions contre la France, dirigées ou du moins soudoyées par l'Angleterre. A Tilsitt, Napoléon forme une coalition européenne contre l'Angleterre.

Après Friedland, il se fit un silence, pendant lequel l'Europe commença à se rendre lentement compte de sa situation et à pénétrer le caractère de Napoléon. Il fallut un certain temps pour effacer sa réputation de pacificateur; à la rupture de 1803, il avait fait appel à la jalousie générale en Europe contre la puissance maritime de l'Angleterre, et bien des gens pensèrent que la guerre lui était imposée : quant à la guerre de 1805, on ne pouvait nier que ce ne fût l'Autriche et la Russie qui avaient été les agresseurs. L'autorité absolue qu'il exerçait sur la presse, en France, lui donnait presque le pouvoir de créer l'opinion publique.

Mais la conquête de l'Allemagne, accomplie presque en aussi peu de temps que celle de l'Italie dix ans plus tôt, fit voir Napoléon sous un nouveau jour. Il avait déjà joué bien des rôles : il avait été le champion inflexible de la liberté, puis le destructeur du jacobinisme et le champion de l'ordre, ensuite le nouveau Constantin et le restaurateur de l'Église, puis le pacificateur du monde ; enfin, le fondateur d'une nouvelle monarchie en France. Tout à coup, en 1807, il se révèle comme chef d'une grande confédération européenne. On a pris l'habitude de faire ressortir les différences qui existent entre le Consulat et l'Empire, mais, en réalité, ce sont les guerres de 1805 à 1807 qui ont opéré cette grande transformation, et c'est entre l'homme de Brumaire et l'homme de Tilsitt qu'existe le contraste. L'Empire de 1804 ne différait peut-être pas plus du Consulat après Marengo, qu'ils ne diffèrent l'un et l'autre, pour la forme autant que pour le fond, de l'Empire modifié par Presbourg et consolidé par Tilsitt.

De 1800 à 1805, Napoléon, sous des titres divers, fut le dominateur absolu de la France, comprenant la Belgique, la rive gauche du Rhin, la Savoie et Nice : de fait, il fut aussi le maître de la Hollande, de la Suisse et de l'Italie du Nord jusqu'à l'Adige, États qui possédaient alors la forme républicaine. En 1804, le titre d'empereur ne signifiait guère autre chose que chef militaire ; mais en 1807, le titre d'empereur prend plutôt la signification féodale de « chef d'une confédération de princes ». Napoléon est devenu « roi des rois ». Ce système s'était manifesté pour la première fois pendant le Consulat, par la création d'un royaume d'Étrurie, que le Premier Consul donna au roi d'Espagne son allié, tout en le gardant sous sa protection. Il fit un pas de plus dans cette voie, à la veille de la guerre de 1805, en créant le royaume d'Italie, dont il prit lui-même le sceptre, mais dont il confia le gouvernement à Eugène Beauharnais, avec le titre de vice-roi. En 1808, le système se développe par le partage, entre ses grands feudataires, de presque toute l'Italie et d'une grande partie de l'Allemagne. Les membres de la famille Bonaparte, — ardents naguère à se disputer la succession au trône de France, et si hautains que Joseph refusait alors la couronne d'Italie, comme au-dessous de sa dignité, — acceptent maintenant des royautés subordonnées. Joseph reçoit la couronne de Naples, d'où la dynastie des Bourbons a été chassée immédiatement après la paix de Presbourg; Louis devient roi de Hollande; Jérôme, le plus jeune, reçoit, après Tilsitt, le royaume de Westphalie, formé de territoires enlevés à la Prusse, au Hanovre et à l'Électorat de Hesse-Cassel, qui a partagé la défaite de la Prusse; un peu auparavant Murat, qui avait épousé Caroline, la plus ambitieuse des sœurs de Bonaparte, avait obtenu le grand-duché de Berg. A côté de ces princes Bonaparte, se trouvent les princes allemands qui maintenant tournent leurs regards vers la France, comme pendant le Saint-Empire-Romain ils les tournaient vers l'Autriche. Ils forment une confédération présidée par l'archevêque de Mayence (Dalberg), comme naguère pendant le Saint-Empire. Deux de ces princes ont maintenant le titre de rois, et, enrichis par la sécularisation des terres de l'Église, par la médiatisation des nobles immédiats et l'asservissement des villes libres, ils possèdent aussi la puissance effective. Une princesse de Bavière épouse Eugène Beauharnais; une princesse de Wurtemberg devient la femme de Jérôme Bonaparte. A sa fondation, en 1806, la Confédération n'avait que douze membres; dans la suite, elle comprit presque tous les États de l'Allemagne, à l'exception de l'Autriche et de la Prusse.

Les dispositions personnelles de Napoléon parurent se modifier vers la même époque. En 1804, quoique on discutât son divorce avec Joséphine, il paraît certain qu'il avait la ferme intention de léguer sa couronne, d'après la méthode d'adoption, au fils aîné de Louis par Hortense Beauharnais. Mais cet enfant mourut soudainement du croup, le 5 mai 1807, pendant que Napoléon était en Allemagne; et cet événement, arrivé au moment même où il atteignait à la situation de roi des rois, le décida probablement à prendre le parti de divorcer.

Il était impossible de distribuer des royaumes et des principautés à la famille Bonaparte sans faire leur part aux principaux hommes politiques et aux généraux français. Napoléon fut en conséquence amené à rétablir les titres de noblesse. C'était abandonner le principe révolutionnaire de l'égalité, mais Napoléon avait toujours été convaincu de l'utilité de récompenser, par les plus splendides largesses, les membres

du parti sur lequel il s'appuyait depuis Brumaire
et que l'on peut désigner par l'appellation de
« parti des Sénateurs ». En 1802, quand il reçut
le Consulat à vie, il avait créé immédiatement
des dotations nouvelles pour les membres du
Sénat; il sentit maintenant le besoin de trouver
pour eux des libéralités plus magnifiques. Sa
première idée fut de constituer en leur faveur
des fiefs féodaux hors de France. Ainsi Berthier,
son serviteur le plus indispensable, devint
prince souverain de Neuchâtel; Bernadotte,
prince souverain de Ponte-Corvo; Talleyrand,
prince souverain de Bénévent. Il prit spécialement dans le territoire de Venise, cédé à la
France par le traité de Presbourg, des fiefs au
nombre de douze, qu'il érigea en duchés. Ces
innovations datent de 1806; c'est le moment
central de la période de transformation. Mais
après Tilsitt, quand Napoléon sentit mieux
encore la sécurité de son pouvoir et la nécessité
de récompenser ses serviteurs, il créa formellement une nouvelle noblesse et rétablit les
majorats en dépit du code révolutionnaire. En
résumé, outre les trois princes-souverains que
nous venons de citer, il créa quatre princes (Berthier est porté sur les deux listes) et trente et
un ducs héréditaires. Il y eut aussi un grand

nombre de comtes et de barons. Le système était d'une prodigalité presque ruineuse. Berthier recevait du Trésor public plus de 1,250,000 francs par an ; Davoust, environ 750,000 francs ; neuf autres grands-officiers plus de 250,000 francs chacun, et vingt-trois autres plus de 100,000.

Après Marengo, il avait reconnu l'importance de réconcilier l'Europe avec sa grandeur en lui donnant la paix. Après Tilsitt, il eût été plus indispensable encore qu'il dissipât les craintes excitées de toutes parts par ses conquêtes. Mais cette fois, il ne tenta rien dans ce sens ; il n'eut plus qu'une seule pensée : utiliser ses succès pour la destruction de l'Angleterre ; et l'Europe finit par comprendre que le mal tant redouté de la rupture de l'équilibre européen s'était produit sous la forme la plus funeste qu'on pût concevoir, et que sa destinée était entre les mains d'un homme dont l'insatiable ambition était aussi extraordinaire que son énergie et sa bonne fortune.

De même qu'en 1805 il avait été entraîné à la conquête de l'Allemagne au cours d'une guerre contre l'Angleterre, de même, après Tilsitt, il s'attaque à toutes les puissances neutres, et bientôt s'empare violemment de l'Espagne, non pas tant par un amour abstrait de la conquête, que pour tourner contre l'Angleterre toutes les forces du Continent à la fois. Comme il avait quitté Boulogne pour se jeter tout entier sur l'Allemagne, il revient maintenant, pour ainsi dire, tout entier à Boulogne. Ses succès avaient mis entre ses mains deux nouveaux instruments de guerre contre l'Angleterre, instruments dont la possession lui était d'autant plus agréable qu'elle impliquait la soumission de tout le Continent à son autorité. C'est au premier de ces instruments qu'il avait fait allusion, en 1803, au commencement de la guerre contre l'Angleterre, en disant que, dans cette guerre, il ne reconnaîtrait aucune neutralité ; en 1806, l'édit de Berlin expliqua sa pensée. Par extension du droit limité que possède un belligérant, d'après la loi internationale, d'empêcher, à l'aide d'un blocus, le commerce de l'ennemi avec les neutres, et de punir les délinquants par la confiscation de leurs navires et de leurs marchandises, Napoléon s'arrogea le droit d'interdire ce commerce, sans blocus, en exerçant un contrôle sur les gouvernements neutres. Les marchandises anglaises devaient être saisies partout, et les ports des puissances neutres fermés aux navires anglais, sous peine de guerre avec la France. Cette menace, impliquant le droit d'apprécier et de juger les actes des puissances neutres, et de leur infliger une amende pécuniaire considérable, équivalait presque à l'annexion pure et simple de tous les États neutres. L'autre instrument avait un caractère analogue. La flotte française ayant été détruite à Trafalgar, il résolut de la refaire avec toutes les autres flottes de l'Europe, et de prendre possession des ressources de tous les États maritimes. En conséquence, il fixa ses regards sur le Danemark, le Portugal et l'Espagne.

Tel est Napoléon devenu roi des rois, et telles sont ses visées. Cette phase unique de l'histoire de l'Europe dura cinq ans, en comptant depuis le traité de Tilsitt jusqu'à la rupture avec la Russie. L'Europe, pendant cette période, n'est plus qu'une confédération d'États monarchiques sous la dépendance d'une autorité supérieure (comme l'Inde de nos jours). La confédération est maintenue par le lien de la guerre en commun contre l'Angleterre, guerre qui se réduit à un blocus commercial moins efficace contre l'ennemi que contre les confédérés eux-mêmes. Mais Napoléon sent que l'Espagne et le Portugal doivent être placés sous sa domination immédiate, afin que leurs ressources navales puissent être convenablement utilisées contre l'Angleterre.

Il n'est certainement pas nécessaire de montrer que ce mode d'attaque était des plus mal combinés, quelque merveilleux qu'ait été le déploiement de puissance dont il fut l'occasion. La confédération n'était maintenue que par le plus faible des liens, la force brutale. Ce que les miracles d'Austerlitz, d'Iéna et de Friedland avaient obtenu avec tant de peine, la diplomatie toute seule l'aurait accompli plus sûrement en s'appuyant sur la jalousie et l'aversion extrêmes qu'inspirait l'Angleterre. On pouvait toujours suspecter cette confédération napoléonienne, de vouloir passer du côté de l'Angleterre et elle le fit en effet. L'Autriche, dès le lendemain de Presbourg, médite une nouvelle guerre, et l'intolérable humiliation de sa défaite précipite la Prusse dans des projets de révolte. Pendant le cours de ces cinq années se forme graduellement en Europe le parti de l'insurrection. Il se divise en deux grandes sections, l'une dispersée dans toute l'Allemagne, à la tête de laquelle se place l'Autriche en 1809; l'autre s'étendant sur l'Espagne et le Portugal, et s'appuyant sur l'Angleterre. Ce mouvement est réprimé avec succès en Allemagne jusqu'en 1813. mais dans la péninsule, il gagne continuellement du terrain depuis 1809. Après 1812, ces deux mouvements viennent donner l'élan à la grande révolution antinapoléonienne qui vient d'éclater.

CHAPITRE V

§ 1. — L'armée française en Espagne. — Soulèvement
populaire. — Napoléon en Espagne.

Immédiatement après Tilsitt, Napoléon entra
dans la nouvelle voie tracée par les articles se-
crets arrêtés entre lui et la Russie. En août, il
exigea que le roi de Danemark déclarât la guerre
à l'Angleterre ; mais celle-ci, se voyant menacée
par une coalition de toute l'Europe, intervint
avec une résolution désespérée. Elle requit le
Danemark de lui remettre en dépôt sa flotte
(comprenant 20 vaisseaux de ligne et bon nombre de frégates), en promettant de la lui rendre
à la paix ; sur le refus que le roi lui opposa, elle
en prit possession par la force. Au même moment, Napoléon formait une armée, sous le
commandement de Junot, pour envahir le Portugal, vieil allié de l'Angleterre et, par consé-

quent, peu digne d'égards. Le faible gouvernement de ce pays se soumit à presque toutes les
exigences : il consentit à entrer dans le système
continental et à déclarer la guerre à l'Angleterre ; mais le régent eut un scrupule et refusa
de confisquer la propriété privée des Anglais.
Dès ce moment, le Portugal fut condamné et
des négociations s'ouvrirent avec l'Espagne
pour le partager. Mais ces négociations firent
surgir des événements inattendus.

Depuis plus de dix ans l'Espagne était entraînée dans le sillage de la France révolutionnaire. Depuis le commencement de son règne,
elle avait été aussi soumise à Napoléon, que la
Hollande ou la Suisse ; elle avait fait la paix ou
la guerre suivant ses ordres ; elle avait cédé la
Trinité pour faciliter le traité d'Amiens ; à Trafalgar, elle avait livré sa flotte à la destruction.
Dans d'autres États également soumis, comme
la Hollande et la République d'Italie, Napoléon
avait remanié le gouvernement à son gré et
avait fini par le donner à sa propre famille.
Après Tilsitt, il se crut assez fort pour opérer
un changement analogue en Espagne, et l'occupation du Portugal lui parut une occasion
favorable pour exécuter ce dessein. Par deux
conventions signées à Fontainebleau le 27 oc-

tobre, il prépara, de concert avec l'Espagne, le
partage du Portugal. Le prince de la Paix devait être prince souverain des Algarves ; le roi
d'Espagne recevait le Brésil, avec le titre d'empereur des deux Amériques, etc. ; mais la stipu-
lation principale était qu'une armée française
devait se tenir sur la frontière d'Espagne, prête
à repousser toute intervention de l'Angleterre.
L'occupation du Portugal eut lieu presque aussitôt ; Junot arriva à Lisbonne le 30 novembre,
juste au moment où la famille royale, avec une
suite de plusieurs milliers de personnes, mettait à
la voile pour le Brésil, sous la protection d'une
flotte anglaise. Au même moment, en dépit de tous
les traités, l'envahissement de l'Espagne commença et continua jusqu'à ce que 8,000 Français eussent pris tranquillement possession d'un
bon nombre de forteresses espagnoles. A la fin
Murat fut nommé au commandement de l'armée
d'Espagne. Il passa la frontière le 1er mars 1808,
et marcha sur Madrid, dans la persuasion que
le roi se retirerait et se réfugierait à Séville ou
à Cadix. Cet acte révéla au monde, et même à
un grand nombre de Français, la nature du pouvoir créé à Tilsitt. Les actes illégaux, accomplis
par Napoléon pendant la première partie de sa
carrière, avaient été palliés par le nom de la

Révolution française, et, depuis Brumaire, il s'était acquis une réputation de modération relative. Mais ici éclatait la violence dans toute sa nudité, et sans l'excuse du fanatisme ; et dans quelles gigantesques proportions ! Un des plus grands États de l'Europe tombait entre les mains d'un brigand qui deviendrait en outre, si son entreprise réussissait, non seulement roi d'Espagne, mais maître d'un empire sans limites dans le Nouveau Monde. Les moyens employés par la suite furent plus condamnables encore, et cependant le cours des événements semble prouver qu'avec un peu de prudence, Napoléon aurait pu atteindre son but sans enfreindre aussi ouvertement toutes les lois. Le gouvernement de l'Espagne était depuis longtemps dans les mains méprisables de Manuel Godoï, amant supposé de la reine, et en même temps favori du roi Charles IV. Ferdinand, l'héritier présomptif, s'était mis à la tête de l'opposition ; mais sa moralité était à la hauteur de celle du trio qu'il combattait, et il avait été récemment emprisonné comme coupable de vouloir attenter à la vie de son père. Fomenter l'hostilité entre les deux factions opposées sans prendre parti pour aucune d'elles, et les rendre également méprisables aux yeux du peuple espagnol, tel était le plan que Napoléon devait adopter. Le peuple espagnol, qui l'admirait profondément, aurait pu être ainsi conduit à le demander pour roi. Mais Napoléon exécuta son entreprise criminelle sans attendre que les scandales du palais eussent éclaté. La marche de Murat précipita le dénouement. Le 17 mars, éclatait à Aranjuez une crise violente qui amenait la chute du favori, puis l'abdication du roi Charles et la proclamation de Ferdinand au milieu d'un enthousiasme vraiment espagnol. Ce fut une erreur fatale que d'avoir rendu inévitable cette explosion populaire ; aussi, par un trait bien caractéristique, Napoléon a-t-il essayé de cacher cette faute à l'aide d'une lettre supposée, datée du 29 mars, dans laquelle il s'efforce de rejeter le blâme sur Murat, à qui cette lettre aurait été adressée. Il y engage Murat à éviter soigneusement de blesser le patriotisme espagnol et de créer ainsi, parmi la noblesse et le clergé, une opposition qui amènerait une « levée en masse » et une guerre interminable. En résumé, cette lettre prédit tout ce qui est arrivé ; mais elle a tous les caractères d'un écrit apocryphe, et n'a certainement jamais été reçue par Murat. Le règne de Ferdinand étant ainsi commencé, il ne restait plus aux Français qu'à refuser de le re-

connaître pour roi et à encourager Charles à
retirer son abdication comme arrachée par la
contrainte. Dans ces conditions, il devenait difficile de déterminer quel était le vrai roi d'Espagne, et Napoléon, qui s'était soigneusement abs-
tenu de prendre parti, s'offrit alors comme arbitre. On persuada à Ferdinand de se présenter
en personne à l'Empereur : il partit en conséquence pour Bayonne, où était alors Napoléon,
et y arriva le 21 avril : son père et sa mère l'y
suivirent le 30. Des scènes violentes eurent lieu
entre le père et le fils : on reçut la nouvelle
d'une insurrection à Madrid et de sa répression
sanglante par Murat. A force d'obsessions, Napoléon finit par arracher l'abdication du père et
du fils, de Charles et de Ferdinand. On apprit
alors, trop tard, qu'en réalité l'insurrection
n'avait pas été supprimée.

Cet acte criminel, aussi maladroit que monstrueux, souleva cette grande insurrection des
peuples de l'Europe contre la monarchie universelle, qui a profondément modifié toute l'histoire ultérieure, et fait de la révolution anti-
napoléonienne un événement de même ordre
que la Révolution française. Un soulèvement
d'une incomparable soudaineté et d'une sponta-
néité sublime éclata dans toute l'Espagne et

gagna l'Allemagne instantanément. De cette
impulsion nouvelle sortit le grand mouvemen-
des nationalités au xixe siècle. Cependant Napoléon, après avoir offert le trône d'Espagne à
son frère Louis. qui le refusa. le donna à Joseph.
en retenant toutefois la reversion sur lui-même
et ses successeurs, à défaut d'héritier mâle de
Joseph qui n'avait que des filles. Le conseil
royal d'abord, puis une junte de nobles espa-
gnols assemblés à Bayonne, acceptèrent le nouveau roi le 7 juillet. Mais Napoléon dut s'apercevoir immédiatement qu'il avait commis la
plus énorme des bévues. Au lieu de se rendre
maître de l'Espagne, il l'avait en réalité perdue. car jusque-là, il avait pu disposer à son
gré de ses ressources, tandis que, pour soutenir
Joseph, il fut obligé, dans cette même année,
d'envahir l'Espagne en personne, avec plus de
180,000 hommes. Il perdit en même temps le
Portugal qui, en juin, s'insurgea à son tour et
fut désormais l'allié de l'Espagne au lieu d'en
être l'ennemi. Jusqu'ici Napoléon n'avait jamais
accordé une attention sérieuse aux méthodes de
guerre qui n'étaient pas strictement professionnelles. Il avait vu des soulèvements populaires
en Italie, en Vendée et en Égypte, mais n'avait
jamais trouvé aucune difficulté à les réprimer.

L'insurrection opiniâtre d'une nation de onze millions d'âmes était pour lui une expérience nouvelle. Il en comprit toute la gravité dès le mois de juillet, quand Dupont, avec environ 20.000 hommes, mit bas les armes à Baylen, en Andalousie, devant le général espagnol Castaños. Au mois d'août, il put encore s'apercevoir qu'il avait commis une autre erreur dans ses calculs. Une armée anglaise débarqua en Portugal, défit Junot à Vimeiro et le força à signer la capitulation de Cintra. Par cette convention il abandonnait le Portugal, où l'insurrection l'avait déjà complètement isolé. Cet événement mit en lumière un des traits spéciaux de l'insurrection de la Péninsule : c'est que les insurgés étaient partout en libre communication avec les forces et les ressources de l'Angleterre.

L'affaire d'Espagne est l'exemple le plus frappant de l'aveuglement insensé qui caractérisa la période impériale de Napoléon. Elle le montre attaché à un système de violence qui ne donne que des avantages médiocres lors même qu'il réussit le mieux, et qui cause des pertes prodigieuses dès qu'il éprouve le moindre revers. A tout prendre, loin d'être plus fort en 1808 qu'en 1803, Napoléon est plus faible ; en effet, en 1803, il possédait en Italie, en Allemagne, en Espagne,

un immense ascendant, qui nulle part n'avait
besoin de s'appuyer sur une armée, et qui
n'excitait pas encore la haine, car il était alors
regardé en Espagne avec enthousiasme, en
Prusse avec sympathie et en Autriche avec
résignation. Il n'avait fait depuis que convertir
cet ascendant en gouvernement direct ; mais,
dans la transformation, plus de la moitié de l'autorité lui avait échappé. L'Autriche et la Prusse
se préparaient à lui résister jusqu'à la mort ;
l'Espagne avait déjà commencé la résistance et
avait abandonné la coalition napoléonienne pour
passer du côté de l'Angleterre.

Ainsi la monarchie de Tilsitt subit, dès la première année, le plus terrible insuccès. Napoléon
entre alors lui-même en scène. Sa première
mesure fut de raviver le souvenir de Tilsitt
par une rencontre avec Alexandre, qui eut
lieu en septembre, à Erfurt, avec un grand
apparat. La puissance du *duumvirat* s'y dé-
ploya de la manière la plus imposante ; de nouveaux engagements, pris par Napoléon au sujet
des principautés danubiennes, fortifièrent l'alliance franco-russe. Par la même occasion il
refréna l'esprit de résistance qui grandissait en
Prusse, en faisant renvoyer le grand ministre
réformateur Stein. Au commencement de no-

vembre, il était prêt à envahir l'Espagne. Joseph
s'était retiré à Vittoria, et les armées de l'insurrection lui faisaient face le long de l'Ebre,
sous le commandement de Blake, Castaños et
Palafox. Du 7 au 11 novembre, Lefebvre détruit
l'armée de Blake, et Napoléon entre à Burgos
qui est pillée sans merci; le 23, Lannes bat
Castaños à Tudela; le 2 décembre, Napoléon,
ayant forcé les passes des montagnes, arrive
devant Madrid, et le 4, il est en possession de la
ville où, dans le but de se concilier, un peu tardivement, le parti libéral européen, il proclame
l'abolition de l'Inquisition et de la féodalité,
ainsi que la suppression des deux tiers des cou-
vents. Il resta en Espagne jusqu'au milieu de
janvier 1809, mais il ne lui fut pas donné de
rester inactif pendant ce temps. Sir John Moore
s'était avancé du Portugal jusqu'à Salamanque,
et s'était décidé, au milieu de décembre, à secourir l'insurrection en marchant sur Valladolid.
Soult, à Carrion, se trouvait menacé par cette
marche en avant, car lorsque Moore eut effectué
à Majorga sa jonction avec Baird qui arrivait de
la Corogne, l'effectif de l'armée anglaise atteignit 25,000 hommes. Napoléon eut alors l'espoir de la couper de ses communications et de
frapper ainsi d'un de ses coups écrasants l'en-

nemi avec lequel il fut toujours en guerre sans le rencontrer jamais en bataille rangée, avant Waterloo. Il se mit en marche le 22, à la tête d'environ 40.000 hommes, et fit en dix jours. 200 milles à travers les montagnes, en plein hiver. Moore vit le danger, se retira sur Benavente. en faisant sauter derrière lui les ponts de l'Ezla. Napoléon s'avança jusqu'à Astorga (1er janvier): mais son coup était manqué. Il prétexta avoir reçu des nouvelles qui exigeaient son retour immédiat à Paris; et revint en conséquence à Valladolid, d'où il partit pour la France le 17 janvier. La fin de l'expédition de Moore appartient à l'histoire d'Angleterre.

§ — 2. Première guerre d'indépendance en Allemagne. — Ratisbonne. — Aspern. — Wagram. — Traité de Schönbrunn. — Imminence de la guerre avec la Russie. — Divorce avec Joséphine. — Mariage avec Marie-Louise.

Cependant une autre tempête s'élevait. L'Autriche avait été réduite au désespoir par les coups qui l'avaient frappée, d'abord à Presbourg, puis à Tilsitt, et le sort de la famille royale d'Espagne semblait un avertissement pour la maison d'Autriche. Mais l'année qui suivit Tilsitt offrit à cette puissance une occasion qu'elle saisit comme une chance dernière. L'Espagne, qui jus-

que-là avait prêté son aide à Napoléon, absor-
bait maintenant 300.000 hommes de ses troupes,
en sorte qu'à l'automne de 1808, il avait été
obligé de retirer de la Prusse la grande armée
qu'il maintenait depuis plus d'un an dans ce malheureux pays. Napoléon ne pouvait plus disposer désormais que de la moitié de ses forces. Il
n'était pas douteux que la Prusse lui serait aussi
hostile qu'elle l'oserait. L'armée de Frédéric
avait, il est vrai, cessé d'exister; mais le pays
était rempli de soldats qui avaient servi dans
cette armée, rempli d'officiers expérimentés, et
le soulèvement de l'Espagne avait répandu dans
tous les esprits des idées de guerre nationale.
Stein et Scharnhorst avaient préparé une levée
en masse en Prusse et une insurrection dans le
nouveau royaume de Westphalie. En outre, les
hommes d'État autrichiens croyaient voir poin-
dre, en France même, une opposition contre
Napoléon sous la direction de Talleyrand, et ils
pensaient aussi que l'affaire d'Espagne avait
mécontenté Alexandre. On racontait qu'à Erfurt, Talleyrand avait dit à Alexandre : « Sire,
vous êtes civilisé et votre nation ne l'est pas;
nous sommes civilisés et notre souverain ne
l'est pas ; vous êtes donc notre allié naturel. »
Ce furent ces considérations et ces illusions

qui déterminèrent la guerre de 1809, que l'on peut
appeler la première guerre d'indépendance de
l'Allemagne, sous la direction de l'Autriche.
Elle fut la bienvenue pour Napoléon, qui avait
besoin de nouvelles victoires afin de rétablir
sa situation. Quoique dans son déclin, sa supériorité restait encore énorme. La Confédération
du Rhin mettait alors à sa disposition une
grande armée allemande qu'il plaça sous les
ordres de généraux français. Sa frontière lui
donnait de formidables avant-postes, depuis
qu'il était maître du Tyrol et de la Vénétie. La
Russie était de son côté, et quoiqu'elle ne lui
fournît aucun secours positif pendant la campagne, elle lui fut très utile, en obligeant la
Prusse à rester inactive : l'Angleterre était contre lui, mais elle ne pouvait guère être utile à
un État entièrement continental, comme l'était
maintenant l'Autriche. Dans de telles conditions,
l'attitude de cette puissance eut quelque chose
d'héroïque, comme celle de l'Espagne, et toute
cette guerre ressemble à une copie un peu pâle
de l'insurrection espagnole. Mais l'Autriche
possédait sur l'Espagne l'avantage de l'organisation et de l'intelligence, qui manquaient à
cette dernière. Depuis Presbourg, elle avait
passé par une période de réformes et montrait

certains signes de régénération morale. Stadion
et l'archiduc Charles avaient exécuté chez elle,
quoique avec moins d'efficacité, ce que Stein et
Scharnhorst avaient accompli en Prusse. Peu
de guerres ont commencé pour des motifs en
apparence plus futiles, et n'ont été plus évidemment la conséquence d'une situation intolérable. Napoléon accusa l'Autriche de préparer son
armée et de vouloir la guerre; celle-ci s'expliqua,
mais en vain, et la guerre commença. Les premières hostilités eurent lieu au commencement
d'avril; et ce fut à la nation allemande tout entière
que l'archiduc Charles adressa sa proclamation. Le mot de ralliement de l'Autriche contre la
France était maintenant liberté et nationalité.
On peut se faire une idée générale suffisante de
cette campagne en la comparant à celle de 1805,
à laquelle elle ressemble par quelques-unes de
ses grandes lignes. Nous y retrouvons un court
et décisif assaut d'armes en Bavière; après
une lutte de cinq jours, célèbre par la souveraine habileté des manœuvres de Napoléon,
les Autrichiens sont chassés de Ratisbonne
(23 avril) et la route de Vienne est ouverte.
Napoléon entre une seconde fois à Vienne
(13 mai). Mais cette fois, les opérations en
Italie ont commencé bien plus à l'est, sur la

Piave. Eugène Beauharnais, après un début malheureux, où il fut défait, à Sacile, par l'archiduc Jean, reprend une offensive heureuse et, réuni à Marmont qui vient à lui de la Dalmatie par la route de Fiume, il pousse l'armée autrichienne en Hongrie, la défait à la bataille de Raab, et effectue sa jonction avec Napoléon à Bruck. Alors, comme quatre ans auparavant, la guerre passe de Vienne à l'autre rive du Danube. Mais la résistance des Autrichiens est cette fois bien plus obstinée qu'en 1805. De l'île Lobau, Napoléon jette ses troupes sur la rive gauche du fleuve en face de l'archiduc. La bataille s'engage et dure deux jours (21 et 22 mai); on la nomme parfois bataille de Marchfeld, mais parfois aussi, elle prend le nom des villages de Gross-Aspern et d'Essling. On la considère. avec celle d'Eylau, livrée en 1807, comme l'une des plus terribles et des plus sanglantes de toute cette période. Les pertes réunies des deux armées s'élevèrent peut-être à 50,000 hommes, parmi eux, le maréchal Lannes; et les Français furent rejetés dans l'île Lobau. Napoléon employa cinq semaines aux préparatifs nécessaires pour réparer cet échec; cinq semaines pendant lesquelles la situation de l'Europe fut vraiment singulière, puisque sa destinée entière dépendait d'un seul homme, et que cet homme, en outre des risques habituels que l'on court en campagne, était menacé à la fois par un adversaire habile qui venait de le pousser jusqu'au bord du précipice, et par une population affolée, qui le menaçait d'une insurrection. C'est le moment de la gloire de Hofer, le héros de la guerre des paysans dans le Tyrol. Mais une fois encore l'habileté et la fortune de Napoléon l'emportèrent. Dans la nuit du 4 juillet, il réussit, sous le couvert d'une fausse attaque, à jeter six ponts de Lobau à la rive gauche du Danube; plus de cent mille hommes passèrent le fleuve dans une seule nuit et se rangèrent sur la rive gauche. Cette opération eut pour conséquence la bataille obstinée de Wagram où, par une erreur de calcul qui a excité de nombreuses controverses, l'archiduc Jean arriva trop tard au secours de son frère. Les Autrichiens furent battus, mais pas d'une manière absolument décisive, et se retirèrent en bon ordre.

Austerlitz et Friedland avaient amené immédiatement la paix, parce que le belligérant principal, la Russie, n'avait guère d'intérêt direct à la guerre; Wagram n'aurait pas dû produire le même résultat. L'Autriche s'était engagée dans une guerre d'indépendance; le Tyrol rivalisait d'ardeur avec l'Espagne ; on ne devait donc admettre aucune négociation avec l'envahisseur. Mais l'Allemagne n'avait encore appris qu'à demi les principes de la guerre espagnole ; le gouvernement autrichien et l'archiduc Charles lui-même appartenaient à la vieille Autriche plutôt qu'à la jeune Allemagne. Pendant la campagne, l'archiduc était tombé bien au-dessous de sa réputation et avait laissé voir nettement que Napoléon le terrifiait ; en ce moment critique, au lieu de faire un nouvel appel au patriotisme allemand, il signa, le 11 juillet, à Znaïm, un armistice semblable à celui que Mélas avait conclu d'une manière si inconcevable après Marengo. Mais il n'était nullement certain que tout fût terminé. L'Allemagne du Nord pouvait se soulever, comme l'avaient fait l'Espagne et le Tyrol. L'archiduc Ferdinand était entré en Pologne et menaçait Thorn, avec l'intention de provoquer l'insurrection en Prusse, et l'Angleterre préparait un grand armement qu'attendaient avec anxiété Schill, Dornberg, Katt, Brunswick, les patriotes de l'Allemagne du Nord, qui commençaient à rivaliser avec les chefs des guerillas espagnoles. Il ne paraît pas douteux que si cet armement avait été dirigé sur l'Allemagne du Nord, celle-ci aurait couru aux armes et tenté, prématurément peut-être, ce qu'elle réalisa en 1813. Cette intervention anglaise, que l'on attendait en Allemagne, venait de s'accomplir dans la Péninsule. Arthur Wellesley avait débarqué à Lisbonne le **22** avril, et, en moins d'un mois, il avait rejeté Soult en désordre hors du Portugal. Au mois de juillet, il entreprit d'envahir l'Espagne en remontant la vallée du Tage. Ainsi le nombre et la qualité des adversaires de Napoléon étaient plus grands qu'à toute autre époque antérieure; mais c'était une résistance éparpillée, et toute la question était de savoir si elle parviendrait à se concentrer.

Dans sa seconde intervention, l'Angleterre ne fut pas heureuse. L'armement ne mit à la voile qu'en août, alors qu'en Autriche la guerre semblait terminée, et que Wellesley, après avoir gagné la bataille de Talavera, s'était trouvé dans la nécessité de rentrer en Portugal, et l'expédition fut dirigée non vers l'Allemagne, mais sur Anvers. Ce ne fut en réalité qu'une simple diversion, et elle manqua son effet. Elle jeta sans doute beaucoup d'alarmes dans Paris, parmi les administrateurs qui voyaient la France à la merci de l'ennemi, tandis que les armées françaises occupaient Vienne et Madrid; mais par suite de sa fausse direction et de la mauvaise fortune,

cette grande entreprise échoua et n'aboutit qu'à
la prise de Flessingue.

Ainsi Napoléon obtint encore un triomphe, le
dernier, et le traité de Schönbrunn fut signé le
14 octobre. Par ce traité, non seulement il termina la guerre et s'annexa de nouveaux territoires, comme il l'avait fait par les traités antérieurs, mais il développa son Empire, lui
donna un nouveau caractère, et mit fin au duumvirat qui avait été établi à Tilsitt. Dans ce système, sa grandeur dépendait de l'entente avec
la Russie. C'est avec l'assentiment du Czar qu'il
avait étendu la main sur l'Espagne; c'est avec
son appui moral qu'il avait abattu l'Autriche.
Le traité de Schönbrunn rendit l'Empire napoléonien pleinement indépendant et le mit en
état de se suffire à lui-même; à un certain point
de vue, il compléta donc l'édifice. Mais il ne
pouvait ainsi répudier la Russie sans la rendre
hostile; et la guerre de Russie paraît à l'horizon,
au moment même où la guerre d'Autriche se
termine. Pour accomplir cette transformation,
Napoléon commença par abattre l'Autriche, puis
il l'adopta en quelque sorte, et lui donna une
place d'honneur dans la Confédération européenne. Elle perdit 3,500,000 âmes de sa population et, de plus, tout accès à la mer; elle dut

payer une indemnité de plus de 75,000,000 de francs et s'engager à réduire son armée à 150,000 hommes. Mais après cette humiliation, un grand et unique honneur lui était réservé. Nous ne pouvons affirmer avec une certitude absolue que Napoléon ait eu d'avance l'intention arrêtée de demander la main d'une archiduchesse ; mais cela semble probable, car il n'aurait jamais rompu avec le Czar, s'il ne s'était senti assuré de l'alliance de l'Autriche, et, dans le traité de Schönbrunn, il n'hésite pas à offenser la Russie en soulevant la question polonaise. Ce qui est certain, c'est qu'à son retour en France, il procéda immédiatement à son divorce ; qu'il demanda en même temps au Czar la main de sa sœur ; qu'aussitôt l'Autriche, alarmée et voyant sa condamnation dans le mariage russe, lui fit entendre (il pouvait fort bien avoir deviné que les choses se passeraient ainsi) qu'on lui accorderait une archiduchesse ; et que, à cette ouverture, il rompit la négociation avec le Czar d'une façon si grossière qu'il semble avoir eu l'intention de s'en faire un ennemi. Au même moment, il refuse de s'engager à ne pas soulever la question polonaise. Il nous est facile de comprendre les alarmes de l'Autriche, car le mariage russe aurait peut-être

rivé pour longtemps les chaînes de l'Allemagne.
Nous retrouvons ici, dans la conduite de Napoléon, cette perversité particulière que nous avons
déjà signalée dans le traitement infligé par lui
à la Prusse et à l'Espagne. Ce ne peut être la
politique, mais bien plutôt un funeste vice de
nature qui le pousse à se tourner toujours
contre un allié, alors même qu'il lui est très
nécessaire. Le brusque parti qu'il prit alors.
sans nécessité apparente, l'entraîna à l'expédition de Russie, et causa sa ruine.

Nous l'avons vu, à une époque précédente,
quand ses frères le pressaient de divorcer avec
Joséphine, refuser avec fermeté et prendre, au
moins en apparence, la résolution d'adopter le
fils aîné de Louis et d'Hortense. Il a maintenant
complètement cessé de subir l'influence de ses
frères; mais en même temps, il s'est élevé à
une telle grandeur qu'il en est arrivé à penser
lui-même différemment sur cette question.
Quatorze ans auparavant, son attachement pour
Joséphine avait été très vif; cette affection avait
été un des traits remarquables du caractère
de héros républicain dont il s'était alors paré.
Mme de Staël fut profondément frappée, un jour
qu'elle l'accusait de ne pas aimer les femmes,
de l'entendre répondre : « J'aime la mienne. »

« C'était, dit-elle, une réponse digne d'Epaminondas. » Napoléon joue maintenant avec tout autant de perfection le rôle d'un sultan oriental, et lorsque des motifs d'ambition lui font répudier Joséphine, il se fait publiquement complimenter de son abnégation par les grands fonctionnaires, par Joséphine elle-même et enfin par le fils de Joséphine, Eugène Beauharnais.

L'archiduchesse Marie-Louise, qui s'aventurait à s'asseoir sur le trône de Marie-Antoinette, semble avoir été d'une nature aimable, mais tout à fait insignifiante. Ses lettres sont enfantines. Elle devint entièrement Française; mais, en raison d'une certaine réserve dans ses manières, elle ne fut jamais très populaire. Le 20 mars 1811, elle mit au monde un fils à qui l'on donna le titre de Roi de Rome, qui servait à désigner l'héritier présomptif du Saint-Empire Romain. La France était donc redevenue encore une fois aussi monarchique qu'aux grands jours de Versailles; mais l'enfant impérial était réservé à ce que son père appela « la plus triste des destinées, celle d'Astyanax ».

§ 3. — Annexion de la Hollande. — Dissolution de l'alliance
de Tilsitt. — Invasion de la Russie.

Arrivé maintenant au faîte, Napoléon s'arrête,
comme il s'était arrêté après Marengo. Nous
sommes disposés à nous demander : Quel
usage va-t-il faire maintenant de sa puissance
illimitée? C'est une question qu'il n'eut pas à
se poser, parce que le but qu'il s'était fixé
en 1803 n'était pas encore atteint; il n'était pas
le moins du monde satisfait parce que, quelque
grands qu'eussent été ses succès, il n'avait pas
obtenu ce qu'il désirait passionnément, l'abaissement de l'Angleterre. Après Schönbrunn,
comme après Tilsitt, il ne se fit que cette question : Comment puis-je le mieux utiliser contre
l'Angleterre les nouvelles forces que je viens
d'acquérir? Cependant il ne s'emploie pas, comme
on aurait pu s'y attendre, à écraser la résistance dans la Péninsule ; il semble avoir regardé
cette insurrection avec un sentiment mélangé de
mépris et d'impuissance, ne sachant d'une part
comment en venir à bout, et de l'autre se per-
suadant qu'elle ne valait pas la peine d'un effort
sérieux. Il persistait à dire que le seul élément
important dans l'insurrection espagnole était

11.

l'armée anglaise ; or, cette armée devait succomber avec l'Angleterre elle-même, et, dans sa pensée, l'Angleterre était sur le point de céder au blocus continental. Aussi consacre-t-il désormais ses efforts à accroître la rigueur de ce blocus, qui, dès le début, l'avait conduit à des annexions continuelles, parce qu'il ne pouvait se fier qu'à ses propres agents pour appliquer ses prescriptions dans toute leur rigueur. Pendant les deux années 1810 et 1811, il ordonne une série d'annexions sur la côte nord de l'Europe, où il était important de rendre le blocus plus efficace. Mais c'est par ces rivages du Nord que s'opéraient principalement les transactions du commerce russe. Ainsi, de même qu'en 1805 il avait provoqué les hostilités de l'Autriche et de la Russie en attaquant l'Angleterre, de même, en 1810, il presse si violemment les mesures hostiles contre l'Angleterre, qu'il brise l'alliance de Tilsitt et provoque la guerre de Russie.

Il consacre l'année 1810 à une application plus stricte du blocus continental et aux annexions que cette nouvelle rigueur nécessite. L'offre de la couronne d'Espagne qu'il avait faite à Louis en 1808, et le langage qu'il tint alors : « La Hollande ne saura sortir de ses ruines.... », prouvent qu'il songeait depuis longtemps à annexer la Hollande. Il saisit l'occasion de la résistance qu'opposait Louis à ses exactions ruineuses pour le forcer à abdiquer et pour diviser le pays en neuf départements français (9 juillet). En août, les troupes du roi de Westphalie durent céder à l'armée française leurs positions à l'embouchure de l'Elbe et du Weser, et quelques mois plus tard toute la côte, du Rhin à l'Elbe, était annexée à l'Empire. En même temps, Napoléon commença à faire la guerre au commerce des neutres, et spécialement à celui des Américains, affirmant que, pour compléter la destruction du commerce anglais, il suffisait de lui interdire l'usage des navires neutres. Il avait une confiance extrême dans le système du blocus; il n'est d'ailleurs pas discutable que ce système occasionna en Angleterre de grandes misères et un grave mécontentement, et qu'il finit par faire éclater la guerre entre cette puissance et les États-Unis.

Mais la pression du blocus infligea encore plus de souffrances sur le Continent, et la cause finale de la chute de Napoléon fut que, par l'effet du blocus, l'alliance de Tilsitt se rompit avant que la résistance de l'Angleterre fût épuisée. Cette alliance avait été gravement atteinte par le mariage autrichien et par le refus qu'avait fait

Napoléon de donner les garanties demandées par la Russie, relativement au non-rétablissement de la Pologne. On pourrait croire, en vérité, que Napoléon prenait plaisir à l'affaiblir; mais peut-être ne voulait-il qu'en alléger le fardeau sans la détruire. A la fin de 1810, les deux gouvernements alliés prirent des mesures qui firent penser à l'Europe que leur union était à bout. Alexandre refusa d'adopter la politique de Napoléon envers les neutres; Napoléon répondit par l'annexion de la principauté d'Oldenbourg, dont le duc régnant appartenait à la maison de Russie. Alexandre riposta par un ukase (31 décembre) qui modifiait les restrictions imposées au commerce colonial et augmentait celles qui pesaient sur le commerce français.

Ainsi, en 1811, l'alliance de Tilsitt se dissout graduellement. Il ne faut pas considérer l'expédition de Napoléon en Russie comme un accès accidentel de monomanie orgueilleuse. Il la regardait lui-même comme le résultat malheureux de la fatalité, et, pendant toute sa durée, il trahit une répugnance et une irrésolution inaccoutumées. « Il faut que cette guerre se fasse », disait-il, « elle est dans la nature des choses. » Ce qui voulait dire : elle est, comme les autres guerres napoléoniennes, la consé-

quence naturelle de la lutte contre l'Angleterre.
Il avait mis toutes ses espérances sur l'efficacité
du blocus continental. Il avait réuni toute l'Europe dans la croisade contre l'Angleterre, et
aucun État, moins que tout autre une grande
puissance comme la Russie, ne pouvait abandonner le système, sans donner par le fait même
son appui à l'Angleterre. On peut cependant
s'étonner que, se croyant forcé à la guerre contre
la Russie, il ait cru devoir la faire par l'invasion
en masse. Pour une guerre ordinaire, ses ressources étaient bien supérieures à celles de la
Russie. Une campagne sur la frontière de Li-
thuanie aurait été sans aucun doute désastreuse
pour Alexandre, et l'aurait obligé à concéder les
points disputés. Napoléon venait d'expérimenter
en Espagne le danger de soulever l'esprit national. Il semble que cette leçon ait été perdue
pour lui, et qu'il ait continué à vivre dans les
idées qu'avaient fait naître en lui les campagnes
de 1805, 1806 et 1807, pendant lesquelles il avait
occupé successivement Vienne et Berlin, détruit
le Saint-Empire Romain et conquis la Prusse. Il
fit d'une discussion de tarifs le point de départ
de la plus grande expédition militaire relatée
dans les annales de l'histoire authentique! Là
encore, nous voyons un exemple de sa politique

favorite, qui consistait à prendre tout à coup une mesure bien plus décisive qu'on ne pouvait s'y attendre ; mais dans le cas actuel, cette politique était absolument hors de saison. Peut-être aussi fut-il poussé à prendre ce parti de l'invasion par l'insuccès de sa diplomatie. La guerre contre la France signifiait, pour la Russie, alliance tôt ou tard avec l'Angleterre ; mais Napoléon n'avait pu s'assurer l'aide de la Turquie, et la Suède avait pris parti pour la Russie. La Turquie avait eu connaissance, sans doute, des projets de partage qui avaient été agités à Tilsitt ; elle fut aussi influencée par les menaces et les promesses de l'Angleterre. La Suède souffrait cruellement du blocus continental, et Bernadotte, devenu naguère prince royal de ce pays, comprenait bien qu'il ne pouvait donner quelque sécurité à sa nouvelle situation qu'en procurant à la Suède une compensation pour la perte récente de la Finlande ; il offrit en conséquence sa coopération à la puissance qui lui donnerait son concours pour l'acquisition de la Norwège. Napoléon refusa de dépouiller son allié, le Danemark ; au contraire, Alexandre fit la promesse demandée, et la Suède fut conquise. Contre la Suède, la Russie et l'Angleterre (coalition qui ne se forma que tardivement), Napoléon rassembla les forces de la France, de l'Italie et de l'Allemagne, et se flatta de triompher, comme de coutume, par une rapide concentration de forces accablantes. L'Autriche et la Prusse avaient tant souffert, dans les guerres précédentes de cette période, et particulièrement en 1805 et 1807, du manque de sincérité et de constance de l'alliance russe, qu'elles furent entraînées, cette fois, à prendre parti, nominalement au moins, pour Napoléon. L'armée avec laquelle il envahit la Russie comptait un peu plus de 600,000 hommes; les principaux chefs étaient, pour les troupes françaises Davout, Oudinot et Ney; pour les troupes italiennes, le prince Eugène; pour les Polonais, Poniatowski. Le contingent autrichien (33,000 hommes) était commandé par Schwarzenberg; le reste des troupes allemandes par Gouvion Saint-Cyr, Reynier, Vandamme, Victor, Macdonald (qui avait les Prussiens sous ses ordres) et Augereau. Si l'on considère que la guerre de la Péninsule avait alors atteint son plus haut degré de violence et que, en outre, l'Angleterre était en guerre contre les États-Unis, on peut se faire une idée de l'état misérable du monde.

La Russie avait été battue à Austerlitz et à Friedland, où ses armées combattaient loin de

la patrie, pour une cause à laquelle elle n'atta
chait qu'un médiocre intérêt. Mais contre une
invasion, elle était aussi invincible que l'Espagne. Ce qui faisait sa force, c'était une religion
profondément nationale et une fidélité absolue
à son souverain; elle possédait en outre l'avantage de sa vaste étendue, de son climat rigoureux et des habitudes à demi nomades de ses
habitants. Par ses préparatifs prodigieux, Napoléon provoquait une nouvelle guerre nationale dans les plus difficiles conditions, et pourtant, il semble avoir désiré la paix et ne s'être
porté en avant qu'avec une extrême répugnance.
La campagne suit le même cours que celles de
1805 et 1809 contre l'Autriche. Nous retrouvons d'abord la marche en avant, couronnée de
succès, la prise de la forteresse, Smolensk;
la grande victoire, Borodino ou la Moscowa,
l'entrée dans la capitale (Moscou); mais tout
cela sans résultat. Ces succès n'amènent pas
de négociations, et Napoléon se trouve soudain impuissant, comme il l'aurait été peut-être
en 1805 et 1809, si son ennemi d'alors avait
montré la même fermeté.

§ 4. — En Pologne. — Passage du Niémen. — Smolensk. —
Bataille de Borodino. — Incendie de Moscou. — Retraite
de Moscou.

Le 16 mai 1812, il arrive avec Marie-Louise
à Dresde, où, pour la dernière fois, il paraît
comme roi des rois; l'empereur d'Autriche, le
roi de Prusse, un grand nombre de souverains
allemands, Metternich et Hardenberg, viennent
former sa cour. Le 28, il repart par Glogau,
Thorn, Dantzic, Königsberg, Gumbinnen, et
s'arrête à Vilkowyski, le 21 juin. Le 24, le gros
de l'armée passe le Niémen à Kovno, et le 28,
Napoléon entre à Vilna que les Russes ont évacué. Il s'y arrête jusqu'au 16 juillet. Ce long
délai et quelques autres circonstances témoignent de l'indécision inaccoutumée de son esprit. Alexandre qui, à cette époque, avait beaucoup gagné en maturité de caractère, refuse
toute négociation tant que l'ennemi occupera le
territoire russe; Napoléon, dans une conversation avec Balacheff, montre un désir presque
passionné d'arriver à un arrangement à l'amia-
ble. Sa perplexité s'accroît quand une députa-
tion de la diète, qui vient de se rassembler à
Varsovie, le prie de prononcer seulement ces

paroles : « *La Pologne existe*, car sa parole sera pour le monde l'équivalent de la réalité. » Il refuse de prononcer cette sentence en alléguant ses engagements envers l'Autriche. D'après ses conversations avec Narbonne (Villemain, *Souvenirs*), nous voyons qu'il avait mûrement considéré, et rejeté, ce que nous pourrions appeler la méthode rationnelle de faire la guerre à la Russie, c'est-à-dire le rétablissement de la Pologne. Il admettait qu'il lui était possible de dédommager l'Autriche, et même, en cas de nécessité, la Prusse, par des indemnités territoriales prises ailleurs ; mais il ajoutait qu'il ne voulait pas ouvrir les portes à la marée du républicanisme : « la Pologne doit être un camp et non un forum ». Il en était réellement arrivé, surtout sans doute depuis son second mariage, à se considérer comme le champion de la légitimité contre la Révolution. C'est donc en pleine connaissance de cause qu'il choisit le parti fatal de marcher sur Moscou. Son jugement était évidemment faussé par les succès de 1805 et de 1806, et il se complaisait dans cette idée chimérique qu'il allait délivrer à jamais l'Europe de tout danger d'une invasion des barbares. Il est à remarquer qu'il semble toujours considérer les Russes comme des Tartares !

Dans le récit de cette guerre, nous avons à nous garder des exagérations nationales des deux partis. Du côté de Napoléon, on avance l'absurdité qu'il ne fut vaincu que par l'arrivée de l'hiver, tandis qu'il est évident que c'est lui, Napoléon, qui chercha l'hiver, d'abord en entrant trop tard en campagne, puis par ses délais réitérés à Vilna, à Vitebsk, et surtout à Moscou. D'autre part, il ne faut pas admettre sans conteste la version russe, d'après laquelle il aurait été attiré toujours de plus en plus loin par une tactique parthe, et Moscou aurait été sacrifiée par une résolution solennelle du patriotisme de tous. La tactique des mouvements rétrogrades, à la Wellington, était, il est vrai, devenue à la mode parmi les spécialistes, et les Russes préparaient un camp retranché à Drissa, sur la Dwina, à l'imitation de Torres-Vedras. Mais la nation et l'armée étaient pleines d'une confiance imprudente, et désiraient impatiemment le combat; seulement leurs préparatifs n'étaient pas, à beaucoup près, complets. La longue retraite jusqu'à Moscou et au delà ne fut pas préméditée, et elle jeta le désespoir dans les cœurs russes; il est vrai qu'en même temps elle était d'accord avec les vues de quelques-uns des stratégistes les plus éclairés.

Comme d'habitude, Napoléon prit l'ennemi par surprise, et amena une force irrésistible sur le point essentiel. Quand il traversa le Niémen, les Russes pensaient encore prendre l'offensive. et, d'autre part, on avait répandu le bruit qu'il entrerait par la Volhynie. Ils divisèrent donc leurs forces en trois armées : l'une, commandée par le Livonien Barclay de Tolly, avait son quartier général à Vilna ; la seconde, sous le prince Bagration, était plus au sud, à Volkowysk ; la troisième, sous Tormaseff, était en Volhynie. Mais le total de toutes ces armées s'élevait à peine à 200,000 hommes, et celle de Barclay de Tolly n'opposait guère plus de 100.000 hommes au corps principal de l'armée française. qui comptait presque 300,000 hommes. C'est pourquoi Barclay évacua Vilna et se retira, par Svenziany, au camp de Drissa, où il arriva le 9 juillet. C'est là que, pour la première fois, l'empereur de Russie et ses généraux semblèrent se rendre compte de l'immensité du danger. Alexandre fit paraître un ukase appelant la population sous les drapeaux dans la proportion de cinq soldats par chaque centaine d'hommes. puis il courut à Moscou. et de là à Saint-Pétersbourg. afin d'exalter le sentiment national. On s'aperçut aussi que le camp de

Drissa n'était pas tenable. Il avait été établi pour couvrir Saint-Pétersbourg, tandis que Napoléon marchait plutôt dans la direction de Moscou. Barclay se retire sur Vitebsk, puis il est obligé, afin d'effectuer sa jonction avec Bagration, de reculer encore, et Napoléon entre à Vitebsk le 28 juillet. La route de Moscou passe entre la Dwina, qui coule vers le nord, et le Dniéper, qui coule vers le sud. Vitebsk, sur l'une des rivières, et Smolensk sur l'autre, sont en quelque sorte les deux sentinelles qui gardent le passage. A ce point on s'attend à voir Napoléon couper en deux les armées ennemies, et forcer celle de Bagration à mettre bas les armes; il possédait une grande supériorité numérique, et il aurait pu conserver l'avantage d'une population amie. Mais son armée semble ingouvernable, et les populations sont rendues hostiles par la rapacité et les cruautés auxquelles sont poussés les Français par le manque de vivres. Barclay et Bagration effectuent leur jonction à Smolensk, le 3 août, et forment maintenant une armée compacte d'au moins 120.000 hommes. Ils évacuent cependant Smolensk le 18, mais après une défense obstinée, qui ne laisse à Napoléon qu'une ruine fumante.

Aussi bien à Smolensk qu'à Vitebsk, Napoléon trahit l'extrême perplexité de son esprit. Devait-il entrer en quartiers d'hiver? Devait-il continuer sa marche sur Moscou? C'était une alternative de partis désespérés. Son armée se fondait; il avait rejeté l'appui des Polonais, l'Allemagne frémissait derrière lui, et pourtant une grande partie de ses soldats étaient Polonais ou Allemands; comment donc temporiser? Pourtant, s'il continuait à s'avancer, il allait rencontrer l'hiver russe, car août touchait à sa fin. Il prit le parti de marcher en avant, comptant sur l'effet écrasant que produirait l'occupation de Moscou. Il l'emporterait, comme après Austerlitz et après Friedland, par suite de la faiblesse et de l'irrésolution d'Alexandre. Cependant ses progrès incessants, et l'abandon successif de toutes les positions par Barclay faisaient naître la plus grande consternation parmi les Russes, et ce sentiment était bien naturel. Barclay était un étranger, et on pouvait le croire un autre Mélas ou un autre Mack. Une clameur s'éleva pour demander son remplacement; le Czar y répondit en donnant le commandement de toutes les armées au vieux Kutusoff, qui du moins était Russe. Ce changement amena nécessairement une grande bataille, qui fut livrée le 7 septembre, près du village de Borodino. Plus de 100,000 hommes, avec environ 600 pièces d'artillerie y furent engagés de chaque côté. Elle se termina par la victoire des Français, mais ce fut une victoire presque stérile. Ils perdirent environ 30,000 hommes, y compris les généraux Montbrun et Caulaincourt; les Russes en perdirent 50,000, y compris Bagration. Ici encore, Napoléon montra une indécision inaccoutumée. Il refusa de « faire donner la garde », réserve de 20,000 hommes, qui aurait pu probablement achever complètement la dissolution de l'armée ennemie; ce refus eut une influence considérable sur la suite de la campagne. « A 800 lieues de Paris, dit-il, on ne doit pas risquer sa dernière réserve ».

Cette bataille, la plus grande, après Leipsick, de toutes celles de Napoléon, fut suivie de l'occupation de Moscou, qui eut lieu le 14 septembre. Au grand désappointement de Napoléon, on trouva cette ville presque vide. Après un conseil de guerre, Kutusoff avait pris le parti d'abandonner la vieille capitale, dont la perte ne semblait pas aussi irréparable que l'aurait été celle de l'armée. Mais comme, avec toute son astuce de Vieux-Russe, il avait annoncé

Borodino au Czar comme une victoire, la sensation produite sur le public russe par la prise de Moscou n'en fut que plus accablante. La catastrophe qui suivit immédiatement n'apporta d'abord aucun soulagement à la douleur nationale. Des incendies éclatèrent dans Moscou pendant la première nuit qui suivit l'entrée de Napoléon; pendant la seconde nuit, alors qu'il s'était établi au Kremlin, les flammes envahirent la plus grande partie de la ville, et les progrès de l'incendie le forcèrent à évacuer le Kremlin. Quand on reçut les premières nouvelles de ce sinistre, la destruction de Moscou fut attribuée en Russie aux Français eux-mêmes, et ne fut nullement considérée comme un coup mortel porté à Napoléon par le patriotisme russe.

En réalité, il n'est pas sûr que cet événement ait eu une influence quelque peu décisive sur l'issue de la campagne. Nous ne pensons pas non plus qu'il ait été l'œuvre préméditée du patriotisme moscovite. L'initiateur fut le comte Rostopchin, gouverneur de Moscou, qui, d'après la rumeur publique, roulait depuis quelque temps déjà ce projet dans son esprit, et qui — on en a la preuve — fit, avant de quitter la ville, tous les préparatifs nécessaires pour le

mettre à exécution. On suppose cependant que
l'incendie, commencé par ses ordres, fut complété par une bande de malfaiteurs qui n'avaient
d'autre but que le pillage, et aussi en partie par
des soldats français. L'effet immédiat fut d'augmenter la consternation des Russes ; puis, quand
ce premier sentiment se dissipa, leur haine
contre les Français s'en accrut. Il y eut alors un
moment critique. Alexandre allait-il négocier?
c'est-à-dire allait-il écouter certains courtisans
timides de son entourage, tels que Romanzoff,
ou bien se laisserait-il inspirer par l'ardeur
patriotique de son peuple et adopterait-il l'avis
de ses plus nobles conseillers, le patriote allemand
Stein et sir Robert Wilson? Pendant un moment
la pression fut grande. On peut supposer que, si
l'armée russe avait été dissoute à Borodino, cette
pression eût été irrésistible. Mais Alexandre ne
se laissa pas ébranler; il refusa de négocier, et
Napoléon s'aperçut soudain qu'il avait devant
lui, non plus le problème qu'il avait déjà tant
de fois résolu au cours de ses campagnes, mais
l'énigme inextricable qu'il avait rencontrée
pour la première fois en Espagne. Ses échecs
d'Égypte et d'Espagne avaient été plus ou moins
déguisés. Il se trouvait maintenant menacé d'un
désastre incomparablement plus grand et qu'il

serait impossible de cacher. Cependant, s'il s'était
retiré immédiatement, et s'il avait pris ses quartiers d'hiver à Vilna, où il aurait pu arriver dès
le commencement de novembre, on aurait pu
croire que la conquête de la Russie n'était que
retardée d'une année. Mais au lieu de prendre sa
décision sur-le-champ, il s'arrête cinq semaines
à Moscou, puis il se plaint de l'hiver russe!
Après avoir tracé le plan d'une démonstration
sur Saint-Pétersbourg ; pesé le projet d'hiver-
nage à Moscou que proposait Daru et qu'il
appela « un conseil de lion » ; après avoir attendu
vainement la soumission du Czar ; il fit sauter le
Kremlin, et commença sa retraite le 20 octobre.
Il se dirigea au sud, vers Kalouga, dans l'espoir
de passer par un pays plus riche et non épuisé.
Mais pendant que ses forces diminuaient, celles
des Russes s'étaient accrues. La paix avec la
Suède avait rendu disponible l'armée de Finlande ; la paix avec la Turquie avait permis de
rappeler l'armée du Danube ; en même temps
des levées s'exécutaient dans tout l'Empire
Russe. Le plan de retraite de Napoléon manqua
par suite d'un échec qu'il éprouva à Malojaros-
lavetz ; il dut reprendre la route du Nord et
retourner par où il était venu. Il atteignit Smolensk le 9 novembre, et à cette date il aurait pu

arriver à Vilna. Il marche alors vers la Bérézina par Orcza, et la rencontre près de Borizoff. Mais là, il trouve en face de lui Tchitchagoff, à la tête de l'armée du Danube, et deux autres armées russes approchent. De son côté, Napoléon est rejoint par ce qui reste des corps d'Oudinot et de Victor, qu'il avait laissés à la garde de la ligne de la Dwina. Mais qu'était devenue déjà la grande armée qui recevait ces renforts?

En juillet, elle comptait plus de 250,000 combattants. Elle n'avait subi aucune défaite décisive, et cependant elle n'avait plus que 12,000 hommes! Rien que dans la retraite, depuis Moscou, elle en avait perdu environ 90,000. Les forces qui la rejoignaient s'élevaient à 18,000 hommes, et l'étoile de Napoléon eut encore assez d'influence pour lui permettre de traverser la Bérézina et d'échapper à une ruine totale et à la captivité. Mais décembre arriva, et le froid fut plus terrible que jamais. Enfin, dans la soirée du 6 décembre, une misérable troupe, semblable à une bande de mendiants, entra chancelante dans Vilna. C'était ce qui restait de la Grande-Armée.

Les corps de Macdonald, de Reynier et de Schwarzenberg (dans lesquels étaient compris les contingents de l'Autriche et de la Prusse) avaient échappé à la destruction, en raison des positions qu'ils avaient occupées, partie sur la frontière de la Pologne, partie dans les provinces baltiques. Pour en tenir compte, nous pouvons déduire 100,000 hommes de l'armée totale; il faut donc reconnaître qu'un demi-million d'hommes avaient péri ou disparu. Ce n'était pas le froid imprévu qui les avait tués; « le froid n'avait fait qu'achever l'œuvre de dissolution et de mort déjà presque accomplie par l'ennemi, la fatigue, et surtout par la faim » (Charras); d'ailleurs le froid est-il donc insolite en Russie au mois de novembre? L'erreur de Napoléon fut celle-là même que l'on peut clairement discerner dans les campagnes de 1805 et 1806, celle de ne faire jamais aucuns préparatifs pour le cas d'insuccès, ou même de succès incomplet.

Depuis vingt ans déjà, l'Europe ne cessait de se déchirer. Depuis quelques années, toute prétention à la défense des principes de la Révolution était abandonnée. Il n'y avait donc plus aucun prétexte de lutte, sauf ce qu'on appelait « la tyrannie maritime de l'Angleterre », et cependant les guerres s'étaient démesurément étendues. Dans toute l'histoire de l'humanité civilisée, rien n'est comparable à la campagne de 1812. Tous les abus de l'ancienne monarchie, réunis à toutes les atrocités de la Révolution, n'étaient rien en comparaison de ce nouveau fléau né de la Révolution et de l'ancienne monarchie, ayant la violence de l'une, la sotte vanité de l'autre, et y ajoutant cette manie systématique et professionnelle de destruction qui caractérise l'impérialisme.

CHAPITRE VI

CHUTE DE NAPOLÉON

§ 1. — Campagne de 1813 et 1814. — Guerre contre la Russie
et la Prusse. — Rapports avec l'Autriche.

Quelle situation que celle de Napoléon ! Un
gouvernement quelconque, sauf le plus fort,
aurait succombé sous un tel coup; mais son
gouvernement était des plus forts, et à l'instant
de sa plus grande puissance. Toute opposition
avait cessé depuis longtemps, l'opinion publique
était sans force, aucune révolte immédiate n'était
à redouter. Devait-il donc accepter simplement
la leçon qu'il venait de recevoir et faire la paix
avec Alexandre? Impossible; il faut qu'il efface
son désastre par de nouveaux triomphes. Mais
comme cette nécessité est évidente pour tous,
Alexandre aussi voit nettement qu'il n'a pas un
moment à perdre, qu'il faut marcher en avant
et soulever l'Allemagne avant que Napoléon ait

eu le temps de mettre en ligne une nouvelle armée. L'année 1813 doit être consacrée à une campagne d'Allemagne, comme l'année 1812 a été consacrée à une campagne de Russie.

Napoléon abandonna les débris de son armée, le 5 décembre, à Smorgoni (comme il avait abandonné son armée, treize ans auparavant, en Égypte). Il voyagea, accompagné de Caulaincourt et de Duroc, dans un carrosse placé sur un traîneau. Il eut une entrevue avec Maret, à une certaine distance de Vilna, puis il s'arrêta à Varsovie, où il vit son ambassadeur de Pradt, qui a laissé un récit de sa conversation incohérente. Là, comme dans le fameux 29e bulletin, publié un peu plus tard, nous voyons qu'il se console de la perte de son armée en faisant remarquer que sa propre santé n'a jamais été meilleure: il le répète plusieurs fois; il dit encore : « Du sublime au ridicule il n'y a qu'un pas »; ce qui le frappe dans ce grand désastre de la retraite de Moscou, c'est le *ridicule!* De Varsovie il se rend à Dresde, où il voit son allié le roi de Saxe, et écrit à l'empereur d'Autriche et au roi de Prusse; il continue ensuite sa route par Erfurth et Mayence jusqu'à Paris, où il arrive le 18 décembre. Le 29e bulletin avait paru deux jours auparavant.

Il avait dit à de Pradt qu'il allait lever 300,000 hommes, et qu'au printemps, on le reverrait sur le Niémen. Il accomplit la première partie de cette prédiction, car en avril, on le revit en campagne avec 300,000 hommes ; mais ce n'est pas sur la ligne du Niémen, ni de la Vistale, ni même sur celle de l'Oder que se fit l'entrée en campagne ; il fallut une bataille pour atteindre même celle de l'Elbe. C'est qu'un grand événement avait eu lieu moins de quinze jours après son retour à Paris : le contingent prussien de la grande armée, commandé par York, avait fait défection. Cet événement avait été suivi du soulèvement de la Prusse contre Napoléon. La convention d'York avec les Russes porte la date du 30 décembre. Le 22 janvier 1813, Stein parut à Königsberg et fit convoquer l'Assemblée des états de la Prusse orientale, qui décréta l'appel aux armes de la landwehr prussienne. Le 27 février, Stein conclut, au nom du Czar, le traité de Kalisch avec la Prusse. On peut dire que ce traité ressuscitait l'ancienne coalition de 1806. Cette fois, la Prusse, animée d'un esprit tout nouveau, courut aux armes et rivalisa d'ardeur avec la Russie et l'Espagne, mais en joignant au dévouement une méthode qui lui est particulière. Les alliés prirent en même temps

des mesures pour rompre la Confédération du
Rhin. Tettenborn, dès le mois de mars, chassa
les Français des départements du Nord; la Saxe
elle-même passa du côté des alliés, et ils purent
espérer que le roi de Saxe en viendrait à suivre
l'exemple du roi de Prusse. Mais avril arriva,
et Napoléon reprit la campagne.

Par son activité et son énergie, il trouva encore
une fois le moyen de prendre l'offensive. Quoique
la Russie et la Prusse fussent alors debout,
comme l'Espagne. cependant les mesures nécessaires pour rassembler et armer les populations
venaient seulement d'être prises, et les exercices
se faisaient lentement. Leurs forces réunies, à
l'ouverture de la campagne, dépassaient à peine
100,000 hommes. L'Autriche et les États du
Centre n'avaient pas abandonné Napoléon. Avec
du tact et des concessions judicieuses, il pouvait
encore reprendre sa situation; personne peut-
être n'avait commencé à prévoir sa chute. Il
quitta Saint-Cloud pour Mayence le 15 avril.
Son objectif était la Saxe, dont la capitale,
Dresde, où il avait étalé pour la dernière fois sa
toute-puissance moins d'un an auparavant, était
maintenant la résidence du Czar et du roi de
Prusse, réunis contre lui. Eugène se maintenait sur la Saale avec une armée d'environ

70.000 hommes, et Napoléon devait aller le rejoindre par la route d'Erfurt. Entre Erfurt, Bamberg et Mayence, il avait en ce moment 150.000 hommes environ; ces troupes étaient, à la vérité, mal disciplinées, imparfaitement exercées et composées de tout jeunes gens, le dernier espoir de la France, mais elles étaient commandées par de bons officiers et animées de cet enthousiasme que le nom de Napoléon inspirait encore. Le manque de cavalerie constituait pourtant un désavantage grave. Pendant ce temps Davout, stationné sur le Weser avec 30,000 hommes, comprimait l'insurrection de l'Allemagne du Nord.

La guerre qui commence ici non seulement tourna au désavantage de Napoléon, mais, différente en cela de toutes les campagnes antérieures, elle se termina par la défaite entière de la France, et même par la conquête de son territoire, événement inconnu jusque-là dans l'histoire de l'Europe moderne. On n'eut pourtant recours, pour obtenir ce résultat, à aucun moyen politique ou révolutionnaire; ainsi, on n'excita contre l'autorité de Napoléon aucune révolte du parti républicain ou bourbonien; on arriva au but par une incontestable supériorité militaire. Le grand vainqueur fut à son tour complètement vaincu.

On peut attribuer cet étrange retour de fortune à deux causes principales :

1° Il avait perdu en Russie cette incomparable armée que la Révolution lui avait léguée, et qui avait été l'instrument de ses exploits guerriers.

2° Il réussit à unir contre lui l'Autriche, la Russie et la Prusse. C'est l'incurable méfiance mutuelle de ces trois puissances qui avait formé la base de la grandeur de la France pendant toutes les guerres de la Révolution et de l'Empire. C'est elle qui avait éloigné la Prusse de la première coalition, et l'avait tenue en dehors de la seconde et de la troisième. De plus, la politique de trahison, dont Catherine prit l'initiative au début, avait passé à Alexandre, et s'était unie en lui à une frivolité caractéristique. Il avait causé la ruine de l'Autriche en 1805, et celle de la Prusse en 1806, par ce mélange de frivolité et de trahison. En 1807, il avait passé ouvertement à l'ennemi, et, de 1807 à 1812, les puissances allemandes avaient été tenues sous le joug autant par lui que par Napoléon. L'aveuglement insensé de ce dernier avait repoussé ce puissant soutien et accompli ce qui pouvait sembler impossible, — l'union des trois puissances en une alliance cordiale. Au lieu de l'ancienne haine contre la Prusse, régnait maintenant en Autriche cette conviction (Metternich prenait plaisir à l'exprimer) que la restauration de la Prusse était d'un intérêt vital pour l'Autriche ; et d'autre part la Russie voyait tout aussi clairement que la restauration de l'Autriche et de la Prusse lui était nécessaire.

Cette guerre, une au point de vue technique, en comprend réellement trois. Il y a d'abord la campagne contre la Russie et la Prusse, qui occupe tout le mois de mai et se termine par l'armistice du 4 juin. Puis vient la campagne contre la Russie, la Prusse et l'Autriche, qui commence en août, et s'achève pratiquement en octobre, par l'expulsion de Napoléon hors de l'Allemagne. Enfin, troisièmement, l'invasion de la France par les mêmes puissances alliées. Elle commence en janvier 1814, et se termine en avril par la chute de Napoléon.

Dans la première de ces campagnes Napoléon maintint, en général, son ancienne supériorité. Les victoires qu'il put gagner encore à la tête de ses jeunes levées ont excité une admiration peu justifiée, car, de ses deux adversaires, la Russie avait souffert autant que lui en 1812, et, au commencement de 1813, l'armée prussienne était encore à créer. Dans les premiers jours de mai, Napoléon descendit la vallée de la Saale, se dirigeant sur Leipsick par Naumbourg. Weissenfels et Lützen. Le 2. il gagna la bataille appelée ordinairement de Lützen, quoique les Allemands lui donnent plus habituellement le nom du village de Gross-Gorschen. Cette bataille. dans laquelle le grand réformateur militaire de la Prusse. Scharnhorst, reçut la blessure dont il mourut peu après, força les alliés à se retirer au delà de l'Elbe, et rendit Dresde au roi de Saxe. Les Prussiens attribuent en partie leur échec à l'insuffisance du général russe Wittgenstein, sous les ordres duquel ils combattaient. Bientôt Napoléon poursuit les alliés au delà de l'Elbe et livre une autre bataille, les 20 et 21 mai, à Bautzen sur la Spree. Ici encore, Napoléon reste maître du champ de bataille, mais il semble que ses pertes aient été plus considérables que celles de ses adversaires. Les alliés se retirèrent en Silésie, et il en résulta une pause qui conduisit à l'armistice de Poischwitz. signé le 4 juin. C'est pendant cet armistice que Napoléon prit la résolution qui causa sa chute.

On pouvait admettre qu'il avait alors rétabli ses affaires. S'il n'avait pu rendre la vie à la grande armée de la Révolution. qui gisait avec ou sans sépulture dans les plaines de la Russie. il avait affirmé de nouveau la supériorité de la

France. Politiquement, il n'avait fait qu'une seule perte importante, la Prusse, qui s'était révoltée. Les coups frappés à Lützen et à Bautzen avaient arrêté le mouvement qui menaçait de dissoudre la Confédération du Rhin et d'unir toute l'Allemagne contre lui. Ces victoires avaient aussi ébranlé l'alliance de la Prusse et de la Russie. Entre les généraux de ces deux puissances régnait une grande jalousie; les Russes recommençaient à se demander, comme après Austerlitz et Friedland : Pourquoi se battre pour les autres ?

A Tilsitt, Napoléon avait rompu la coalition en formant, pour ainsi dire, une société avec la Russie ; il semblait possible maintenant de former une semblable association avec l'Autriche. Il était déjà entré dans cette voie par son mariage avec une archiduchesse. Il paraît avoir pris cette alliance au sérieux; il la considérait comme la destruction définitive de la Révolution et comme une adhésion complète de sa part au parti conservateur. A cette époque, le langage des bulletins est ultrà-conservateur. Ainsi il désigne ses adversaires comme « des fauteurs d'anarchie et de révolte ». Il accuse Stein de « soulever la populace contre les propriétaires ». Mais quoiqu'il eût emprunté le langage

de l'Autriche, il n'avait pu encore enrôler les
intérêts autrichiens dans son parti. Napoléon
avait évidemment le pouvoir d'accorder à l'Autriche les plus grands avantages, et, en quelque
sorte, de partager avec elle sa suprématie. Il ne
pouvait offrir moins, puisque les pertes subies
par la France et la Russie avaient donné à l'Autriche un poids décisif; mais il semble qu'il pouvait offrir ce partage sans beaucoup d'humiliation, puisque l'alliance avec l'Autriche n'avait
pas cessé depuis 1810 et avait été cimentée par
un mariage. S'il ne se résolvait pas à gagner
ainsi l'Autriche, il pouvait s'attendre à la voir
se donner à l'autre parti, car, dans une telle
crise, la neutralité était impossible. Napoléon
pouvait-il donc espérer vaincre la quadruple
alliance de l'Angleterre, la Russie, la Prusse et
l'Autriche? Les victoires de Lützen et de Bautzen
ne suffisaient pas pour justifier une si téméraire
espérance. Les forces de la Prusse augmentaient
tous les jours, et l'enthousiasme « à l'espagnole »,
dont faisait preuve sa nouvelle armée, s'était
déjà montré dans les deux dernières batailles;
les forces de l'Autriche n'avaient pas été affaiblies
par une campagne de Russie; la France, au
contraire, était évidemment à bout de ressources.
Le charme magique qui avait facilité les con-

quêtes de Napoléon en 1800, 1805, 1806, avait
perdu son pouvoir: les coups qu'il portait n'a-
menaient plus maintenant la soumission absolue
et la capitulation: faute de cavalerie, il ne pouvait même plus rendre ses victoires décisives.
Il était donc indispensable de faire à l'Autriche
d'amples concessions: mais, ces concessions
faites, la situation pouvait sembler pleine d'espérances.

Napoléon prit la grave résolution de ne pas
faire ces concessions ; l'Autriche se joignit à la
coalition et, après une campagne de deux mois,
l'armée française fut rejetée en désordre sur la
rive gauche du Rhin. Ce fut la contre-partie de
Tilsitt, et la destruction de l'œuvre de Tilsitt.
Pour la bien comprendre, il faut d'abord peser
les paroles qu'il adressa à Schwarzenberg :
« Ma situation est difficile ; je me condamnerais
moi-même, si je concluais une paix déshono-
rante. Un gouvernement de vieille date, où les
liens entre le souverain et le peuple sont anciens,
peut accepter des conditions pénibles quand les
circonstances l'exigent. Mais je suis un parvenu :
je dois tenir plus de compte de l'opinion, car
j'en ai besoin. Si on recevait en France la nouvelle d'une telle paix, il n'y aurait tout d'abord,
sans doute, que des réjouissances : mais bientôt

suivraient de violentes critiques contre le gouvernement : je perdrais en même temps le respect et la confiance de mon peuple : car les
Français ont l'imagination ardente : ils aiment
la gloire et les émotions : ils sont sensibles.
Savez-vous quelle a été la cause première de la
chute des Bourbons ? Elle date de Rosbach. »
Cette manière de voir est certainement juste :
mais cela n'explique pas pourquoi il ne fit pas
au moins tout son possible. par des concessions
et des promesses. pour gagner l'Autriche à son
parti. Il ne semble pourtant pas avoir fait de
grands efforts dans ce sens. quoique la question
soit restée ouverte pendant bien des mois, et
quoique la clameur de paix. qui s'élevait dans
sa propre armée et même parmi ses maréchaux,
l'ait obligé à feindre d'y songer sérieusement
lui-même. Il persista à préférer une guerre
contre la Russie. la Prusse et l'Autriche réunies,
et ne regarda l'armistice que comme un délai
lui permettant de rassembler de nouvelles forces.
Metternich nous a laissé le récit d'une entrevue
de dix heures qu'il eut avec Napoléon. le 28 juin,
dans le palais Marcolini, à Dresde. Napoléon y
laisse voir tout son dédain pour l'Autriche. qu'il
a si souvent vaincue : il ne peut admettre que
cette puissance ait la force de lui résister : en

même temps il fait comprendre qu'il se croit
nécessaire à l'empereur d'Autriche, parce qu'il
est, lui, Napoléon, le boulevard de tous les trô-
nes et le défenseur de la monarchie contre la
Révolution. C'est ici que se place le fameux
passage si émouvant, dont on ne peut supposer
que Metternich soit l'inventeur, où Napoléon,
sur l'observation que ses troupes étaient formées
« non pas de soldats, mais d'enfants », répondit
en pâlissant : « Vous n'êtes pas un soldat ; vous
ne savez pas ce qui se passe dans l'âme d'un
soldat : j'ai grandi sous les drapeaux, et un
homme comme moi se soucie peu de la vie d'un
million d'hommes ! » (L'expression même dont il
se servit, ajoute Metternich, ne peut pas se répéter.) Et, en disant ces mots, il lança son cha-
peau au fond de la salle. La catastrophe de Russie avait fait comprendre à beaucoup de personnes que tel était bien le fond de sa pensée,
et la franchise audacieuse de son aveu est tout
à fait dans son caractère.

Nous sentons combien il est difficile de suivre
dans ses écarts un esprit qui s'égare aussi loin
des voies habituelles. Il est vrai que son jugement, naturellement très juste, avait dû être
complètement faussé par l'étrangeté de sa carrière. Il devait s'être habitué à compter sur de

soudaines interventions de la fortune ; et même il devait avoir bien compris que s'il s'était élevé si haut, c'était non pas en s'attachant aux probabilités, mais en s'exposant à des risques énormes.

Mais après tout, rien ne prouve que l'Autriche pût être achetée ou gagnée par des concessions. Sa ligne de conduite, autant que nous pouvons nous en rendre compte, fut droite et honorable : il semble que le sacrifice de l'archiduchesse, en 1809, ne doive pas être regardé comme l'abandon absolu, par l'Autriche, du respect d'elle-même. C'est avec calme qu'elle retire ses troupes auxiliaires de l'armée française, et qu'elle prend position comme médiatrice, tout en armant vigoureusement afin de donner du poids à sa médiation. Ensuite elle présente ses conditions. En les acceptant, Napoléon aurait pu se la concilier et gagner du temps : peut-être aurait-il gagné bien davantage encore ; par exemple, une armée de vétérans enfermée dans les places fortes de la Prusse. Mais, à ce prix, il n'aurait pas voulu même d'une paix immédiate.

Un congrès se réunit à Prague dans le courant de juillet, mais Napoléon ne permit pas que ses délibérations fissent de sérieux progrès. Il n'accorda aucune attention à un ultimatum présenté le 8 août, qui comprenait six conditions principales : 1° partage du duché de Varsovie entre l'Autriche, la Prusse et la Russie ; 2° restitution à la Prusse de Dantzick et de son territoire ; 3° cession des provinces illyriennes à l'Autriche ; 4° rétablissement de l'indépendance de Hambourg et de Lübeck, et reconstitution de la 32e division militaire ; 5° dissolution de la Confédération du Rhin ; 6° rétablissement de la Prusse telle qu'elle était en 1806. Au milieu de la nuit du 10 au 11 août, l'armistice fut déclaré clos, et le sort de Napoléon fut décidé. C'était de sa part une décision étrange : mais peut-être jugea-t-il avec raison qu'il n'avait d'autre alternative que la ruine ou une victoire absolue, impossible !

§ 2. — Guerre contre la Russie, la Prusse et l'Autriche.

L'Europe va s'engager de nouveau dans une lutte aussi désespérée et aussi destructive que celle de 1812 ; et c'est Napoléon qui, plus évidemment encore qu'en 1812, est responsable de cette ruine de toute civilisation. Il ne peut plus même parler de la liberté des mers, car il est forcé d'admettre lui-même que le système con-

tinental est mort : et pourtant il refuse d'abandonner cette suprématie à laquelle le système
continental avait jusqu'alors servi de prétexte.
Cependant la France aveuglée venait de fournir
400,000 hommes de plus, destinés à périr dans
une lutte où il pouvait y avoir des chances,
mais aucune probabilité de victoire. Son quartier général est maintenant à Dresde, et ses armées sont en ligne tout le long du cours de l'Elbe,
depuis la Bohême jusqu'à son embouchure.
Cette position a été un peu affaiblie par l'adhésion de l'Autriche à la coalition, car l'Autriche,
massant ses troupes au nord-ouest de la Bohême,
menace Dresde et les communications de Napoléon sur la rive gauche de l'Elbe. Les forces
des alliés (s'élevant à près de 500,000 hommes)
forment trois grandes armées, dont la première,
principalement autrichienne et commandée par le
prince Schwarzenberg, est stationnée en Bohême
sur l'Eger : les souverains sont avec elle. L'ancienne armée de prussiens et de russes, qui a
fait la convention de Poischwitz, est encore en
Silésie. Elle compte plus de russes que de prussiens, mais c'est un officier prussien qui la
commande maintenant. Cet officier est Blücher,
le hardi général de hussards, âgé maintenant
de 70 ans : dans son état-major, on remarque

quelques-uns des théoriciens et des enthousiastes
de la nouvelle armée prussienne, par exemple
Gneisenau. Mais le gros des forces prussiennes
occupe la Marche de Brandebourg. Dans cette
revue finale des armées de l'Europe, nous remarquons que les forces morales ont passé de
la France aux alliés. Dans le camp français, rè-
gnent la fatigue et le désir de la paix ; chez les
Prussiens et les Russes, l'ardent héroïsme et le
dévouement ; mais les anciennes fautes d'organisation reparaissent du côté des alliés. En
Bohême, l'autorité de Schwarzenberg est presque annulée par la présence des souverains : en
Silésie, le brave général prussien commande une
armée composée principalement de Russes.
Mais c'est peut-être dans la *Marche* que la plus
grande faute a été commise, car la principale
armée prussienne y a été placée sous les ordres
du prince royal de Suède, le Français Bernadotte, entièrement étranger à la cause allemande
et ayant des tendances à se concilier l'opinion
publique en France, dans le but de succéder à
Napoléon. Bernadotte n'est pas le seul membre
de l'ancienne opposition républicaine qui se
trouve dans le camp des alliés, maintenant que
l'on commence à croire possible la chute de Napoléon. Moreau, l'homme qui a aidé en 1799 à

fonder le Consulat, sans doute dans l'espoir de voir la France gouvernée par une série de Washingtons occupant tour à tour le pouvoir pendant une courte période, paraît dans le camp autrichien. Si Napoléon doit perdre le trône, qui peut avoir plus de droits que Moreau à lui succéder ?

La campagne s'ouvre par une tentative sur Berlin, où Napoléon veut sans doute arrêter à sa source l'insurrection populaire. Oudinot marche de Baruth sur Berlin ; il est soutenu par des forces venant de Magdebourg, et Davout envoie un autre corps d'armée de Hambourg. Bernadotte propose de se retirer et de sacrifier Berlin ; mais en dépit de lui, Bülow livre, le 23 août, la bataille de Grossbeeren, à quelques milles de la capitale. C'est là que la landwehr se distingue pour la première fois, et Berlin est sauvé. L'attaque de Magdebourg est repoussée le 27, à Hagelberg, par Hirschfeld. En même temps, Napoléon lui-même, à la tête de 150,000 hommes, s'était dirigé contre Blücher sur la Katzbach. Blücher se retira devant lui, et il fut obligé de revenir à la défense de Dresde, mais il laissa Macdonald avec 50 ou 60,000 hommes pour tenir tête. Presque immédiatement après le départ de Napoléon (26 août), Blücher battit Mac-

donald à la bataille de la Katzbach. La campagne
commença donc par deux victoires prussiennes.
Mais quand la grande armée de Bohême vint
attaquer Dresde, Napoléon montra son ancienne
supériorité. Le 27 août, il lui infligea une terrible défaite. C'est là que Moreau, le héros de
Hohenlinden, fut blessé mortellement par un
boulet. Un instant il sembla probable que cette
victoire, poursuivie avec la rapidité irrésistible
de Napoléon, déciderait de la campagne. Il se
prépara à couper à ses ennemis la retraite en
Bohême. Mais les nouvelles de Grossbeeren et
de la Katzbach arrivèrent ; on dit aussi que Napoléon tomba malade ; et le plan fut changé au
moment de l'exécution. Le grand coup de la
campagne échoua, et au lieu de couper la retraite de la grande armée, Vandamme fut fait
prisonnier avec 10,000 hommes à Kulm, après
une bataille dans laquelle il perdit la moitié de
cet effectif (30 août). Les temps de Marengo et
d'Austerlitz étaient passés. L'habileté et l'autorité de Napoléon étaient aussi grandes que
jamais ; il commandait des armées plus nombreuses ; il avait comme adversaire une coalition
aussi peu maniable que les autres ; et pourtant,
en une seule semaine, il avait subi quatre défaites, et n'avait gagné qu'une seule victoire.

Dans le courant de la semaine suivante, il reçut
encore un autre coup. Ney, qui faisait une nouvelle tentative sur Berlin, fut battu avec de
grandes pertes à Dennewitz par les Prussiens
commandés par Bülow (6 septembre).

C'est ici que prend fin l'ascendant de Napoléon. Désormais il combattra pour se défendre
ou par désespoir. Pourtant les massacres allaient
continuer pendant deux mois encore, avec une
infatigable furie. Il perd la plus grande partie de
septembre à des marches incessantes de Dresde
en Silésie ou en Bohême, qui épuisent ses forces
sans lui procurer aucun avantage réel. Vers la
fin de ce mois, commence une nouvelle phase
de la guerre. Dès le début, les alliés s'étaient
donné rendez-vous dans la plaine de Leipsick.
Jusqu'ici Napoléon avait tenu la ligne de l'Elbe,
et présenté son armée en une seule masse aux
trois armées séparées de la coalition. Maintenant que son affaiblissement devient visible,
ses adversaires commencent une marche con-
vergente sur Leipsick. L'armée de Silésie traverse l'Elbe à Wartenbourg, le 3 octobre : dans
les journées suivantes, l'armée du Nord la traverse aussi sur plusieurs points. En même temps
la Confédération du Rhin se dissout rapidement. Une troupe de Cosaques, commandée

par Czernicheff. détruit le royaume de Westphalie (1ᵉʳ octobre). La Bavière abandonne Napoléon et conclut avec l'Autriche le traité de
Ried (8 octobre). Cependant on peut presque
dire que, pour la forme, un massacre final était
encore nécessaire. Il eut lieu du 14 au 19 octobre, dans des proportions satisfaisantes, et se
termina par la défaite décisive de Napoléon et
la prise de Leipsick. Un demi-million d'hommes,
environ, combattirent dans ces batailles finales.
On a calculé que, dans les trois dernières journées, les Prussiens perdirent 16.000 hommes.
les Russes 21,000 et les Autrichiens 14,000 ;
total : 51,000. Napoléon laissa 23.000 hommes
derrière lui dans les hôpitaux, et 15.000 prisonniers. Le nombre des morts peut s'élever à
15,000. Il perdit aussi 300 pièces d'artillerie.
Les souffrances des blessés dépassèrent presque tout ce qu'on a raconté de la retraite de
Moscou. Il est malheureux que les vainqueurs
lui aient permis de repasser le Rhin en sûreté ;
s'ils avaient poussé vigoureusement la poursuite,
aidés comme ils l'étaient maintenant par les
Bavarois, ils auraient pu, à ce moment même,
mettre fin à sa carrière. Mais leurs vues politiques n'étaient peut-être pas encore mûres pour
des mesures aussi décisives ; cependant, comme

à la Bérézina en 1812, il dut, cette fois encore,
se frayer un chemin par une autre bataille. Les
Bavarois, commandés par de Wrède, lui coupè-
rent la route à Hanau, dans le but de mériter
la faveur de la coalition victorieuse : mais il
brisa leur résistance (30 et 31 octobre) et arriva
à Francfort. Le 1er et le 2 novembre, les restes
de son armée, environ 70,000 hommes, traversèrent le Rhin à Mayence.

§ 3. — Invasion de la France par les alliés. — Abdication
de Napoléon.

L'œuvre de huit années était détruite; Napoléon était rejeté dans les positions qu'il occupait à la rupture de la paix d'Amiens. Le désastre
de Russie avait répondu à Friedland; Leipsick
venait de répondre à Austerlitz. Mais Napoléon
pouvait-il consentir à se reconnaître vaincu?
S'il n'avait pas pu faire de concessions pendant
l'été, encore moins pouvait-il en faire maintenant. Un général vaincu pouvait-il rentrer à
Paris et y régner paisiblement avec une réputation ruinée par les deux plus grands désastres
de l'histoire? Il aurait pu, du moins, par une
abdication, épargner à la France, déjà mortellement épuisée, la charge d'une autre guerre.

C'est un des plus impardonnables de ses crimes d'avoir traîné son malheureux pays à une série de massacres, sans que le moindre intérêt national fût en jeu. Au mois de novembre, les alliés lui firent des avances; ils proposaient la paix sur la base des « frontières naturelles ». Cette paix aurait assuré à la France les fruits principaux des premières guerres de la Révolution, c'est-à-dire la Belgique, la rive gauche du Rhin, la Savoie et Nice. De telles conditions semblent généreuses quand on considère l'abattement de la France et la supériorité écrasante des alliés. Mais quoique le parti de la guerre en Prusse protestât hautement contre ces concessions, et maintînt la nécessité d'affaiblir la France de manière à la rendre impuissante, l'Autriche les favorisait, car elle se défiait également de la Prusse et de l'esprit de liberté que soulevait la guerre dans les populations allemandes. Un peu de condescendance de la part de Napoléon aurait pu, à ce moment, rendre irrésistible l'aspiration générale vers la paix. Mais on ne trouva chez lui rien de semblable. Il commença par éluder la proposition, puis, trop tard, il l'accepta avec des restrictions suspectes. Après avoir été décimée, la France devait encore être envahie et subjuguée, à cause de lui.

Le 1er décembre, les alliés font paraître le manifeste de Francfort, dans lequel ils déclarent qu'ils font la guerre à Napoléon, et non pas à la France (reproduction du principe mis en avant par la Révolution : paix aux peuples, guerre aux gouvernements), et l'invasion suit le manifeste avec une rapidité presque napoléonienne. Les trois armées des alliés restent séparées, comme elles l'étaient en Allemagne. La grande armée, commandée par Schwartzenberg, traverse la Suisse et se dirige sur le plateau de Langres (source de la Seine, de l'Aube et de la Marne) où il commence à arriver vers le milieu de janvier; l'armée de Silésie, sous Blücher, traverse le Rhin moyen et marche sur Nancy; l'armée du Nord, nominalement sous les ordres de Bernadotte, passe par la Hollande. Au cours de cette marche en avant, la Suisse et la Hollande furent entraînées dans la coalition, dont les forces devinrent alors accablantes. Il serait difficile de dire dans quel but Napoléon fit appel à la France pour une nouvelle campagne, surtout puisque les alliés lui garantissaient un territoire plus étendu que celui de l'ancienne monarchie française. Ses officiers en étaient arrivés à se demander quel pouvait bien être son but personnel? Ils s'étonnaient de l'entendre parler d'une autre campagne d'Allemagne à entreprendre au printemps prochain; de se retrouver bientôt sur la Vistule, etc. Il était évidemment en proie aux chimères; sa fortune guerrière l'avait habitué à compter sur un résultat dix fois plus grand que les probabilités ne pouvaient le justifier. Il fondait sa confiance sur les motifs suivants : 1° la puissante armée qui lui restait encore, enfermée dans les places fortes de l'Allemagne du Nord; 2° la jalousie qui régnait entre les alliés; 3° sa parenté avec l'empereur d'Autriche; 4° le patriotisme que l'invasion allait rallumer chez les Français, comme en 1792. Mais ses calculs furent déconcertés par la rapidité de l'invasion, qui ne lui laissa pas le temps d'appeler la nation aux armes. Le Sénat lui accorda bien 300,000 hommes; mais pour les réunir, les armer, les exercer, le temps manquait, et il avait négligé de fortifier Paris. Dans les troupes revenues d'Allemagne, tous ceux qui n'étaient pas Français se mirent à déserter. La campagne s'ouvrit à la fin de janvier, et elle était terminée à la fin de mars. C'est le pays entre la Marne, l'Aube et la Seine, avec une partie du département de l'Aisne, qui en fut le théâtre. Malgré sa victoire de Brienne, Napoléon semble d'abord incapable de résister à la supériorité numérique de l'ennemi. Il est battu à la Rothière. Mais les envahisseurs. encore irrésolus alors. divisent leurs forces. Il saisit l'occasion, se jette sur Blücher. et quoique ses forces soient bien inférieures. il gagne quatre batailles en quatre jours, à Champaubert (10 février). Montmirail (le 11). Château-Thierry (le 12) et Vauchamp (le 13). Pour un instant. ces brillants succès donnèrent à la campagne un tout autre caractère; les espérances et les sentiments patriotiques des Français se ranimèrent. Un congrès était réuni à Châtillon, et. sous l'impression de ces victoires. il eût été facile de conclure la paix, si la situation de Napoléon n'avait pas rendu inadmissible pour lui toute paix raisonnable. Il le sentit. retomba dans ses illusions, et revint à des tentatives pour séparer l'Autriche de la coalition. Dans les premiers jours de mars. l'union des alliés fut cimentée par le traité de Chaumont. dans lequel chacune des quatre puissances s'engageait à maintenir 150.000 hommes sous les armes pendant vingt ans. Peu de temps après ce traité. Napoléon reçut un coup accablant par la capitulation de Soissons et la jonction de l'armée de Blücher avec l'armée du Nord, commandée par Bulow, qui était entrée en France par la Hollande et la Belgique. Leurs forces

réunies s'élevaient à plus de 100,000 hommes.
Les batailles de Craonne et de Laon qui suivirent, sans être positivement des défaites pour
Napoléon, affaiblirent ses forces. Le 18 mars,
les conférences de Châtillon furent rompues, les
plénipotentiaires des alliés déclarant que Napoléon n'avait pas d'autre intention que de gagner
du temps. Vers le 24, les alliés prirent la résolution de marcher sur Paris. Ils n'avaient devant
eux que Marmont et Mortier, car Napoléon lui-
même s'était décidé à se jeter sur leur ligne de
retraite, et s'était dirigé sur Saint-Dizier. Les
deux maréchaux, après un engagement à la
Fère-Champenoise, réussirent à gagner Paris,
où l'ennemi les suivit le 29. Joseph Bonaparte,
emmenant Marie-Louise et le roi de Rome, se
retira à Tours. Le 30 mars, les alliés attaquè-
rent Paris formés en trois grandes colonnes.
L'armée de Silésie du côté de Montmartre; le
prince Eugène de Wurtemberg et Barclay de
Tolly par Pantin et Romainville; le prince royal
de Wurtemberg et Giulay par Vincennes et Cha-
renton. Dans l'après-midi, après une résistance
obstinée, les maréchaux offrirent une capitulation et s'engagèrent à évacuer la ville avant sept
heures du matin; Napoléon, qui s'avançait à
marches forcées, arriva trop tard. La lutte mi-

litaire est terminée : la lutte politique commence.

Depuis 1804, il n'y avait plus en France de vie politique indépendante. Il est vrai que, pendant l'expédition de Russie, un certain général Malet avait répandu la fausse nouvelle de la mort de Napoléon en Russie, et avait fabriqué un décret supposé du Sénat rétablissant la République. La tentative eut un moment tant de succès que Napoléon fut péniblement affecté du peu de solidité de sa dynastie et du caractère purement provisoire de la monarchie qu'il avait fondée. On peut encore citer Lainé, de Bordeaux, qui, au moment où Napoléon avait fait son dernier appel à l'appui du Corps législatif, avait eu l'audace de lui demander de maintenir, tout en défendant le pays, l'entière exécution des lois qui garantissent à chaque citoyen sa liberté, sa sécurité, sa propriété, et à la nation le libre exercice de ses droits politiques. Napoléon avait répondu par un transport d'indignation. Mais maintenant enfin il fallait en arriver à prendre une résolution indépendante, car les classes influentes commençaient à comprendre que Napoléon devait tomber du trône, et les généraux eux-mêmes se demandaient entre eux s'il pouvait y avoir un motif raisonnable pour lever encore des troupes et livrer des batailles.

Mais on n'apercevait pas même les germes d'une autorité quelconque qui pût remplacer celle de Napoléon. Son successeur serait-il un autre général? formerait-on un conseil de régence pour son fils? ou bien encore reviendrait-on aux Bourbons? On aurait pu prendre le premier parti, si l'on avait eu un Moreau sous la main; et même, dans cette pensée, Bernadotte, qui, comme Napoléon, était un jacobin devenu prince, fit valoir des prétentions que favorisa le czar. C'eût été le renouvellement du Consulat; mais cette solution n'aurait pas donné satisfaction au parti républicain, et elle eût été repoussée par les monarchistes de toute nuance. Il y avait bien des raisons à faire valoir en faveur d'une régence, et contre les Bourbons. La régence n'occasionnerait pas de transformation soudaine et séduirait l'imagination populaire. Ce fut une cause accidentelle qui amena la décision. Pour arriver à une régence, il fallait d'abord obtenir une abdication réservant le principe d'hérédité. Napoléon la donna. Le 4 avril, il passait une revue des troupes à Fontainebleau, et annonçait son intention d'attaquer les alliés dans Paris. Les troupes accueillirent ses paroles avec enthousiasme; mais à ce moment même la clef de voûte de son autorité s'écroula. L'aristocratie militaire, formée par les maréchaux, refusa de le suivre plus longtemps, et Napoléon reconnut à l'instant que la fin était arrivée. Quoique, en discutant avec eux, il eût dit que la régence de Marie-Louise, qu'il appelait « une enfant », était inadmissible, il abdiqua néanmoins immédiatement, à condition que son fils lui succéderait, sous la régence de l'impératrice. Ney, Macdonald et Caulaincourt partirent pour Paris afin de négocier l'établissement de la régence.

Le pouvoir de Napoléon reposait d'abord sur les grands dignitaires militaires, mais, en second lieu, sur les grands dignitaires civils enrichis de ses largesses et dont le Sénat était l'organe. Pendant que les maréchaux le forçaient à abdiquer, son règne avait pris fin d'une manière entièrement différente par une décision du Sénat. Talleyrand, vice-président de cette assemblée, qui depuis quelque temps déjà intriguait en faveur des Bourbons, s'était déclaré ouvertement leur partisan, en présence des souverains alliés, à leur entrée dans Paris. « La régence », avait-il dit, « n'est qu'une intrigue : les Bourbons seuls représentent un principe. » Il avait convoqué le Sénat le 1er avril, et, le 2, cette assemblée avait voté la déchéance de

Napoléon et de sa famille. Cette décision avait été ratifiée le lendemain par le Corps législatif.

C'est alors (le 4) qu'eut lieu, avec l'approbation de l'armée, l'abdication de Napoléon en faveur de sa famille. Le document fut apporté à Paris par trois maréchaux célèbres, car Ney et Macdonald avaient été rejoints en route par Marmont. Les deux solutions furent donc placées en même temps sous les yeux des souverains alliés : or, Alexandre n'était pas favorablement disposé pour les Bourbons, et François était le père de Marie-Louise. Un instant la balance oscilla.

Mais Marmont s'était trouvé en contact avec Talleyrand pendant la défense de Paris et avait pris des engagements avec lui avant que les maréchaux ne se fussent décidés en faveur de la régence. Après avoir évacué Paris, il avait séjourné à Essonnes. C'est là qu'il avait conclu l'engagement de placer son corps d'armée au service du nouveau gouvernement provisoire que le Sénat avait constitué ; d'après cette convention, les troupes devaient quitter leurs positions le 5 avril et se diriger vers la Normandie. Mais quand les maréchaux venant de Fontainebleau traversèrent son camp et lui firent connaître leur mission, il leur révéla le secret de son engagement, en exprima son repentir, contremanda immédiatement les ordres de départ donnés aux officiers inférieurs et se rendit à Paris avec les maréchaux. Mais pendant son absence, le général Souham, craignant que le complot ne fût déjà connu de Napoléon, donna aux troupes l'ordre de se diriger sur Versailles. Cette apparence de division dans l'armée fut fatale à la famille de Napoléon. Elle décida Alexandre à se déclarer en faveur des Bourbons, et Caulaincourt reçut la mission d'aller demander à Napoléon son abdication pure et simple. Comme compensation, il garderait le titre d'empereur avec la souveraineté de l'île d'Elbe, et Marie-Louise recevrait une principauté en Italie. L'abdication sans conditions fut signée à Fontainebleau, le 11 avril.

Par une ironie du sort, le gouvernement fondé en Brumaire, où tout était sacrifié à la puissance militaire, est le seul des trois gouvernements de la France, depuis 1789, qui ait succombé par le fait d'une invasion. Le résultat final de tant de conquêtes était fatal pour la France; quand le nom de Napoléon avait retenti pour la première fois, elle était en possession de la Belgique, de la rive gauche du Rhin, de la Savoie et de Nice; elle perdait en ce moment même les deux premières acquisitions, et nous verrons bientôt par quelle folle équipée Napoléon réussit à lui faire perdre les deux dernières. Sa puissance fatale de séduction sur l'esprit du peuple recommençait déjà son œuvre. Cette dernière campagne, la plus antipatriotique qu'il ait jamais faite, avait semblé racheter ses fautes, et lui avait valu le nom d'héroïque défenseur de la patrie. Cette appréciation se répandit rapidement, dès qu'il eut pour adversaires les Bourbons restaurés.

§ 4. — Napoléon se retire à l'île d'Elbe. — Mécontentement en France. — Les Cent-Jours. — Bataille de Waterloo.

En attendant, toutes les haines longtemps dissimulées, celles des individus comme celles des partis, se déchaînaient contre lui. Un instant, il semble avoir perdu complètement courage. On raconte que, dans la nuit du 11 avril, après avoir signé son abdication sans conditions, il absorba une dose de poison qu'il portait toujours sur lui depuis la campagne de Russie. Mais, ajoute-t-on, des vomissements survinrent et le sauvèrent. Le 20, en faisant ses adieux à ses soldats, il leur dit : « J'ai pris la résolution de vivre afin de raconter les grandes choses que nous avons faites ensemble. » Il trouva bientôt un autre but à son existence : une année plus tard, après une autre chute encore plus complète et plus humiliante, il tient encore à la vie, et il s'y attache même pendant sa captivité. Les soldats l'adoraient toujours, et la scène des adieux de Fontainebleau, où il embrassa le drapeau, fut pleine d'émotion : mais quand il atteignit le Midi de la France, d'autres démonstrations l'accueillirent. A Avignon et à Orgon, la foule attaqua ses voitures et voulut jeter le tyran dans le Rhône. Il fut obligé de prendre un déguisement. A la côte, une frégate anglaise vint à sa rencontre et le transporta à Porto-Ferraio, dans l'île d'Elbe, où il débarqua le 4 mai. Les souverains avaient sans doute décidé que sa femme et son fils ne le rejoindraient pas, et il n'en exprima aucun regret. Marie-Louise partit le 23 avril pour son ancienne résidence et arriva à Schönbrunn avant la fin de mai, à peu près au moment où Joséphine mourait à la Malmaison, dans les bras de ses enfants Eugène et Hortense.

Napoléon dut comprendre, bientôt après son arrivée à l'île d'Elbe, qu'il n'en était pas encore réduit à écrire son autobiographie. Jamais grand pays ne s'était trouvé dans une situation aussi intolérable que celle de la France, lorsqu'il eut quitté le gouvernail. Vingt années d'événements prodigieux, d'émotions tragiques d'abord, puis épiques, avaient fait oublier aux Français les Bourbons et leur cour, quand tout à coup, le vieux comte de Provence (sous le nom de Louis XVIII), Condé, le comte d'Artois, le duc d'Angoulême et l'Orpheline du Temple reparurent et prirent possession de la France, avant même qu'un parti royaliste se fût formé dans le pays. Politiquement, il est vrai, ils apportaient la liberté, car ils créaient un Parlement là où n'existaient, depuis quatorze années, que des Assemblées muettes et serviles; mais ils désorganisaient tout à l'intérieur, les services publics, l'armée, la propriété, d'une façon si soudaine et si intolérable, surtout au moment même où le pays venait de subir l'invasion étrangère, qu'une nouvelle convulsion devint clairement imminente. Les Français humiliés, éperdus et alarmés tout à la fois, pouvaient vraiment regretter même le règne de Napoléon. On aurait pu croire que les massacres en masse des deux dernières années feraient l'effet comme d'un rêve affreux dès que le charme serait rompu; mais on en vint à les regretter en les comparant aux humiliations présentes. Un événement se produisit qui fut comme une révolution nouvelle. Les prisonniers de Russie et les troupes bloquées dans les forteresses allemandes, rentrèrent en France, conformément aux traités, au nombre d'environ 300.000 hommes. N'était-il pas évident que si tous ces vieux soldats pouvaient rentrer en campagne sous la direction de Napoléon, la France parviendrait à se soustraire à l'humiliation d'un gouvernement imposé par l'étranger et peut-être même à recouvrer ses frontières perdues?

Le Congrès de Vienne commença ses séances en septembre, et inaugura ainsi un nouveau chapitre de politique. La France avait cessé d'être l'objet de l'effroi général, et on commença à former de nouvelles alliances pour mettre un frein à l'esprit agressif de la Russie. Il pouvait arriver que la coalition européenne, une fois dissoute, ne fût pas facile à reconstituer. La situation politique s'était modifiée aussi à l'intérieur. Un parti violent d'ultras s'était constitué parmi les royalistes: le clergé commençait à inquiéter les détenteurs de biens nationaux et l'armée s'irritait jusqu'à l'exaspération en voyant des *émigrés*, qui avaient combattu contre la France, appelés en grand nombre au commandement des régiments.

Ce n'était pas la première fois que Napoléon

subissait une sorte d'exil. De même qu'après sa disparition en Orient, il était revenu pour exécuter le coup de force de brumaire, il pouvait quitter l'île d'Elbe pour délivrer la France. La situation n'était pas moins intolérable qu'en 1799. Alors, comme maintenant, une révolution aurait éclaté même en son absence. Fouché ourdissait la trame d'un complot militaire qui aurait porté au pouvoir soit le duc d'Orléans, soit le roi de Rome.

Napoléon partit le 26 février de Porto-Ferraio pour tenter la dernière de ses mille aventures, emmenant avec lui les généraux Bertrand, Drouot, et 1,100 soldats. Le 1er mars, il atteignit la côte de France, au golfe Juan, entre Cannes et Antibes. Vingt jours après, il entrait en triomphe aux Tuileries.

Il avait très justement apprécié les sentiments de l'armée et l'effet que produirait sa prodigieuse renommée. Ces deux causes étaient plus que suffisantes pour renverser un gouvernement aussi absolument dépourvu de racines que celui des Bourbons. En quittant la côte, il traversa les montagnes de la Provence et marcha, par Sisteron et Gap, sur Grenoble. Les soldats envoyés de cette dernière ville pour l'arrêter se sentirent désarmés quand il découvrit sa poitrine et leur demanda : « Lequel de vous veut tuer son empereur? » Un royaliste. La Bédoyère, vint alors se joindre à lui, à Lyon : Macdonald, resté ferme, fut abandonné par ses soldats. Ney, qui commandait dans l'Est, se déclara d'abord violemment contre son ancien chef, mais le sentiment militaire le gagna bientôt et il vint rejoindre Napoléon à Auxerre. Le roi quitta les Tuileries le 19, pour prendre le chemin du Nord, et le lendemain Napoléon entra dans Paris.

Au 18 brumaire, il avait vaincu le jacobinisme et donné l'ordre et la sécurité à la nation. Cette fois on lui demandait, au nom de l'indépendance, de protéger les conquêtes de la Révolution et de défendre l'honneur national contre l'étranger triomphant. Les Cent-Jours sont la période populaire ou démocratique de l'impérialisme. Les partisans de Napoléon lui dirent franchement qu'il fallait accepter de nouveaux principes, et il se déclara prêt à le faire. Il serait téméraire d'affirmer que c'était impossible. Il n'avait encore que quarante-six ans; son retour de l'île d'Elbe prouvait d'une manière éclatante qu'il possédait encore cette élasticité intellectuelle, cette faculté de prévoir l'avenir dont il avait si souvent et si brillamment fait

preuve. Ici donc, comme à un second brumaire,
pouvait commencer une troisième période napoléonienne. Il fallait oublier la folle croisade
contre l'Angleterre et le rêve de l'empire universel que cette croisade avait enfanté; l'oppresseur du Tyrol et de l'Espagne devait prendre
contre la Sainte-Alliance le rôle héroïque de
champion de la liberté moderne des peuples. Cette
dernière transformation, la plus audacieuse de
toutes, avait déjà commencé, non sans succès.
Mais, à ce point, la fortune l'abandonna sans
retour. Napoléon libérateur ne fut qu'un idéal
poétique qui transforma son passé en légende
et dota la politique française d'une illusion de
plus. La tentative qui devait réaliser cet idéal
ne dura que cent jours (du 13 mars au 22 juin).

La cause intime de l'échec de cette tentative
peut être attribuée au changement qui s'était
effectué dans Napoléon lui-même. Depuis longtemps on avait remarqué que l'empereur Napoléon différait essentiellement du général Bonaparte des campagnes d'Italie. Bonaparte était
maigre, réservé, laconique, plein d'ardeur et de
fougue, le vrai type de la vertu républicaine,
imaginé par Rousseau; l'empereur était gras et
loquace et, d'après Marmont, il avait des accès
de molle indolence. Une ou deux fois il avait

subi des attaques d'un mal qui l'avait rendu
momentanément incapable d'agir, mais ces attaques avaient été tenues soigneusement cachées.
Jusqu'ici, en somme, il ne s'était jamais fait
défaut à lui-même. Pendant la campagne de 1814,
son activité avait été prodigieuse et la marche
sur Paris, en vingt jours, par laquelle il venait
d'inaugurer le printemps de 1815, avait prouvé
une grande vigueur. Mais il ne put se maintenir à cette hauteur. La décadence physique
avait commencé pour lui, et en affaiblissant le
corps, elle avait atteint non pas son génie, mais
sa volonté et sa puissance d'application. « Je ne
le reconnais plus », disait Carnot, « il parle au
lieu d'agir, lui l'homme des décisions immé-
diates ; il demande des avis, lui l'impérieux
dictateur qui les prenait autrefois pour des
injures ; son esprit bat la campagne, lui qui
avait la faculté de s'appliquer à tout, comme et
quand il le voulait ; il est somnolent, lui qui
pouvait dormir et s'éveiller à volonté. » Ce dernier symptôme était le plus frappant ; à quelques-uns des moments les plus critiques et les
plus terribles de la campagne de Waterloo, il
paraît qu'il lui fut à peine possible de se tenir
éveillé.

L'histoire constitutionnelle des Cent-Jours

peut être traitée sommairement, puisqu'elle ne conduisit à aucun résultat. Le 13 mars, un décret impérial, daté de Lyon, vint dissoudre les deux Chambres établies par les Bourbons et convoqua une Assemblée extraordinaire au Champ de Mai, à l'effet « de corriger et modifier nos constitutions et d'assister au couronnement de l'impératrice, notre épouse bien-aimée, et de notre cher et bien-aimé fils ». Mais la perspective changea bientôt et comme il était nécessaire que l'Empire eût sa Charte, de même que la monarchie avait eu la sienne, il parut impossible d'attendre jusqu'au mois de mai. Napoléon eut recours à Benjamin Constant, c'est-à-dire qu'il marqua son changement de politique en faisant appel au chef de l'opposition. « L'acte additionnel aux Constitutions de l'Empire », daté du 22 avril, fut rédigé par Constant, examiné par un comité, puis adopté par le Conseil d'État. Le trait le plus remarquable de ce document est le préambule où il explique son changement d'attitude en disant que « jusqu'ici il s'était efforcé d'organiser en Europe un grand système de fédération, qu'il croyait en harmonie avec l'esprit de l'époque, et favorable au progrès de la civilisation », et que, « dans cette intention, il avait ajourné l'introduction d'institutions libérales », mais que « désormais il n'aurait plus d'autre but que d'accroître la prospérité de la France, en fortifiant les libertés publiques ».

Cet exposé nettement mensonger mérite l'attention, parce qu'il abusa une grande partie du public. On doit encore remarquer que dans une autre partie de l'acte, il crée une pairie héréditaire. L'assemblée du Champ de Mai n'eut lieu que le 1er juin. Napoléon y parut en costume d'apparat et distribua des drapeaux; mais « l'épouse et le fils bien-aimés » n'étaient pas présents; l'Europe s'était déclarée contre lui. Le 12 juin, il entra en campagne.

A la nouvelle du débarquement du 13 mars, les grandes puissances avaient immédiatement fait paraître une déclaration qui mettait Napoléon en dehors de toutes relations civiles et sociales, et le signalait à la vindicte publique comme « ennemi et perturbateur de la paix du monde ». Le 25 mars, elles reconstituèrent la coalition. Cette hostilité fut-elle un désappointement pour Napoléon? Une guerre d'indépendance lui paraissait sans doute nécessaire. Être accepté par le peuple français et repoussé par l'Europe, c'était là précisément l'occasion qu'il cherchait de se poser en champion héroïque de l'indépendance nationale. Il disposait maintenant de tous les soldats qui, à l'époque de sa première chute, étaient enfermés dans les forteresses ou dans les prisons de l'ennemi. Sa situation était donc semblable à celle de 1813, et non à celle de 1814, et il n'avait à défendre que la France, et non plus un vaste empire; ainsi il avait de son côté la patrie, la liberté et, de plus, son génie? Était-il possible que toutes ces forces fussent insuffisantes! Il se rappelait sans doute Brumaire, la triste situation de la France d'alors, et puis brusquement, en un jour, son glorieux rétablissement à Marengo. Mais pour le moment, l'inégalité de nombre était grande. En juin, les alliés avaient 700,000 hommes sous les armes, Napoléon n'en comptait guère plus de 200,000. Des troupes anglaises occupaient la Belgique, où elles servaient à consolider le royaume nouvellement établi des Pays-Bas, et des troupes prussiennes tenaient les provinces rhénanes qui venaient d'être données à la Prusse. Napoléon se demanda s'il devait se borner à la défensive et laisser les alliés envahir la France, — attitude qui aurait été mieux d'accord avec sa nouvelle politique, — ou bien porter la guerre en Belgique, pays longtemps uni à la France, et y attaquer les Anglais et les Prussiens. Il ne voulut pas infliger une nouvelle invasion à la France, en raison spécialement de la force du parti royaliste dans plusieurs provinces, et c'est ainsi que la Belgique fut choisie pour théâtre de la nouvelle campagne. Les Anglais avaient leur quartier général à Bruxelles; les Prussiens, à Liège. Il forma le projet de les séparer et de les battre successivement, comme il avait séparé les Autrichiens des Sardes au commencement de sa carrière et les avait battus tour à tour. Mais bien des circonstances différaient. Wellington et Blücher, avec Gneisenau, étaient supérieurs à Colli et Beaulieu, et le Napoléon de 1815 était bien inférieur au Bonaparte de 1796.

De toutes les campagnes de Napoléon, celle-ci fut de beaucoup la plus rapide et la plus décisive. La campagne de Marengo même avait duré un mois, celle-ci fut terminée en trois jours. Napoléon quitta Paris le 12 juin, et quand il y rentra, le 21, son sort, celui de son empire et celui de la France, étaient décidés. Tout concourt à faire de cette lutte si courte l'événement militaire le plus intéressant de l'histoire moderne; son intensité désespérée, son résultat absolument décisif, la position en première ligne prise, pour la première et dernière fois, par

l'armée anglaise dans le conflit européen, et
enfin la présence des trois généraux les plus
renommés, Napoléon, Wellington et Blücher.
Aussi cette campagne a-t-elle été commentée
avec une curiosité infinie et appréciée de tous
côtés avec une partialité extrême. L'armée de
Napoléon comptait 122,401 hommes; elle comprenait un grand nombre de vétérans, ainsi que
beaucoup de soldats ayant pris part aux campagnes de 1813 et 1814, et c'était peut-être la
plus belle armée qu'il eût jamais commandée.
Celle de Wellington était composée d'hommes
levés en Angleterre, dans le Hanovre, le duché
de Brunswick, celui de Nassau, l'Allemagne et
les Pays-Bas: le total en est évalué à 105.950;
mais les soldats du royaume nouvellement établi
des Pays-Bas, au nombre de 30,000 environ,
ne pouvaient inspirer aucune confiance. Les
Anglais aussi (environ 35,000) n'étaient en
grande partie que des hommes de nouvelle levée (les vétérans de la Péninsule étaient presque
tous en Amérique); en résumé, Wellington déclarait que c'était « la plus mauvaise armée qui
eût été jamais mise sur pied ». L'armée de Blücher comptait 116,897 hommes bien disciplinés
et animés d'un puissant souffle guerrier. Le début de la campagne fut heureux pour Napoléon.

Il garda si complètement son secret et agit avec
tant de rapidité qu'il réussit à se jeter entre les
deux armées ennemies. Le 15, il se porta en
avant et occupa Charleroi. Le 16, il attaqua les
Prussiens à Ligny et les Anglais aux Quatre-
Bras, dans le but d'occuper la route de traverse
entre les Quatre-Bras et Sombreffe, et de séparer
ainsi les deux armées. Napoléon commandait en
personne l'attaque contre les Prussiens, et c'est
là qu'il gagna sa dernière victoire. La bataille fut
très sanglante. Les Prussiens perdirent environ
12,000 hommes et Blücher lui-même fut blessé.
Aux Quatre-Bras, Ney rencontra Wellington et
fut forcé de battre en retraite. Mais la défaite de
Blücher obligeait Wellington à se retirer sur
Bruxelles, afin d'effectuer sa jonction avec les
Prussiens. La journée du 17 fut consacrée à ce
mouvement rétrograde, et le 18, Wellington accepta la bataille sur les hauteurs de Mont-Saint-
Jean; c'est le nom que les Français ont donné à
cette journée, tandis que les Anglais la désignent
sous celui de Waterloo, village plus rapproché
de Bruxelles de quatre milles, d'où Wellington
écrivit sa dépêche de victoire. En acceptant la
bataille il comptait pleinement sur le concours
des Prussiens, qui ne peuvent donc pas être
considérés comme l'ayant sauvé de la défaite.

Les écrivains militaires relèvent plusieurs fautes, quelques-unes graves, commises par Wellington; mais leur critique des mesures prises par Napoléon, critique qui commence par faire justice d'une foule d'informations falsifiées, répandues par lui-même ou par ses admirateurs dans le but de rejeter les fautes et le blâme sur des inférieurs, est tellement accablante, qu'elle semble prouver que Napoléon, après un début brillant, n'agit plus que comme un général indolent et incapable. En premier lieu, par un simple manque d'énergie, il laisse les Prussiens lui échapper après leur défaite de Ligny, et donne une fausse direction au maréchal Grouchy chargé de les poursuivre avec 33,000 hommes. Par suite de ce mouvement mal ordonné, Grouchy, pendant qu'on se bat à Waterloo, est à Wavre, où il livre un combat inutile au corps prussien de Thiele-mann, laissant Blücher libre de tenir ses engagements envers Wellington. A chaque instant, pendant ces journées, Napoléon se montra négligent, inactif, inabordable et plus semblable à un Darius qu'à un Alexandre; en sorte qu'on a pu affirmer, d'une façon plausible, qu'un retour de son état maladif avait dû le mettre dans l'incapacité physique de remplir les devoirs du commandement. La bataille en elle-même fut une des plus remarquables et des plus terribles qui aient jamais été livrées, mais ce fut peut-être, des deux parts, plutôt une lutte de soldats que de généraux. On peut la considérer comme une série de cinq attaques distinctes contre la position des Anglais : 1° une attaque sur la droite anglaise, par la division Reille; 2° une attaque sur la gauche, par la division D'Erlon (c'est là que Picton fut tué); 3° une grande charge de cavalerie où la splendide cavalerie française vint « se fondre en écume sur l'écueil » des carrés anglais; 4° une attaque heureuse de Ney sur la Haie-Sainte (on pense que Wellington avait trop négligé ce point, et ce fut après la réussite de cette attaque que les chances de victoire parurent le plus en faveur des Français); 5° la charge de la garde. C'est au milieu du troisième acte de ce drame que les Prussiens commencèrent à prendre part à l'action. La bataille commença vers onze heures trente, et vers huit heures du soir le cri de « sauve qui peut » s'éleva des rangs de la garde. Un mouvement général en avant, fait par les Anglais, décida la victoire, et les Prussiens, sous Gneisenau, pressèrent vigoureusement la poursuite. Napoléon se réfugia d'abord au milieu d'un carré. Il le

quitta à Genappe, et arriva à Charleroi au lever
du jour, avec une escorte d'environ vingt cava-
liers.

§ 5. — Seconde abdication. — Il se met entre les mains des
Anglais. — Son exil à Sainte-Hélène. — Son autobiographie. — Sa mort.

Sur 72,000 hommes engagés dans cette journée, Napoléon en perdit probablement plus de
30,000; aussi la grande armée fut-elle entièrement dissoute. La perte des alliés dépassa légè-
rement 22,000 hommes. Si Napoléon avait été
victorieux, ce n'eût été que le début heureux
d'une guerre, car un demi-million de soldats
marchaient déjà vers la France pour venir en
aide à ceux de Wellington et de Blücher. Mais sa
défaite absolue le laissa sans aucune ressource.
Sa ruine était accomplie d'un seul coup. La
France était vaincue, comme elle l'avait été l'année précédente; mais cette seconde défaite semble
bien plus humiliante et plus accablante que la
première, si nous considérons avec quel enthousiasme elle s'était ralliée à Napoléon, et avec
quelle rapidité ils avaient succombé tous les
deux. Il y eut un instant de désespoir mortel
parmi les hommes politiques qui se rassem-
blèrent autour de l'empereur vaincu, à son arri-

vée à Paris: plusieurs d'entre eux jouissaient
d'une renommée plus vieille que la sienne:
c'étaient La Fayette, l'homme de 1789; Carnot,
l'organisateur de la victoire pour la Convention; Lucien, dont l'intervention avait décidé le
succès de la Révolution de Brumaire; tous se
trouvaient de nouveau réunis pour cette délibé-
ration suprême. Carnot voulait une dictature
de salut public, c'est-à-dire le renouvellement
des grands jours de 93; Lucien se laissait aussi
séduire par l'éclat de ce nom de dictateur.
— « Ose ! » dit-il à son frère; mais le ressort de
cette volonté redoutable était à la fin brisé.—« Je
n'ai déjà que trop osé ». répondit Napoléon. Cependant, à la Chambre des Représentants, ce
n'est pas le mot de Dictature, mais celui de Liberté que l'on prononce. L'Assemblée, sur la
proposition de La Fayette, vote sa propre per-
manence et déclare coupable de haute trahison
quiconque essaierait de la dissoudre. La Fayette
fait pressentir que si l'abdication tarde trop
longtemps, il réclamera la déchéance. Le 22 juin,
Napoléon abdique pour la seconde fois. « Je
m'offre en sacrifice à la haine des ennemis de
la France. Ma vie publique est terminée et je
proclame mon fils Empereur des Français, sous
le nom de Napoléon II. » Le 25, il se retire à la

Malmaison, où Joséphine était morte l'année précédente. Il n'avait cependant pas encore abandonné toute espérance. Quand la Chambre des Représentants élimina son fils et nomma une commission exécutive de cinq membres, il protesta, en déclarant qu'il n'avait pas entendu faire place à un nouveau Directoire; et comme Carnot et Caulaincourt faisaient partie de cette commission, il semble que les souvenirs de Brumaire vinrent hanter par instants son esprit. Il crut revoir encore deux directeurs attachés à sa cause, tandis que les trois autres (Fouché, Grenier et Quinette, « un traître et deux enfants », disait-il) prenaient le rôle de Barras, Moulins et Gohier. Le 27, il alla jusqu'à offrir une fois encore ses services comme général, « me considérant toujours comme le premier soldat de la nation ». On lui répondit par un refus, et le 29, bien pourvu de livres sur les États-Unis, il quitta la Malmaison pour se rendre à Rochefort.

En France commençait alors un second règne de la Terreur. Des massacres avaient eu lieu à Marseille dès le 25. Que pouvait faire Napoléon? Il avait été jusqu'ici l'ennemi de toutes les autres nations, et maintenant il était l'ennemi le plus abhorré, sinon de la France, au moins du parti triomphant en France. Il hésita quelques jours à Rochefort où il était arrivé le 3 juillet, et enfin, trouvant impossible d'échapper à la vigilance des croiseurs anglais, il se fit conduire le 15, à bord du *Bellérophon*, et se rendit au capitaine Maitland. Celui-ci lui expliqua qu'on ne pouvait le recevoir qu'à discrétion, et qu'on allait « le conduire en Angleterre, où il serait traité suivant que le Prince Régent en déciderait ». De l'île d'Aix, Napoléon avait écrit au Prince Régent la lettre caractéristique que voici : « Altesse Royale, en butte aux factions qui divisent mon pays et à l'inimitié des puissances européennes, j'ai terminé ma carrière politique et je viens, comme Thémistocle, m'asseoir au foyer du peuple britannique. Je me place sous la protection de ses lois, que je réclame de Votre Altesse Royale, comme du plus puissant, du plus constant et du plus généreux de mes ennemis. »

C'était peut-être le seul parti qui lui restât; en France sa vie était tellement menacée qu'elle était difficile à sauver, et Blücher parlait de l'exécuter sur la place même où était tombé le duc d'Enghien. Il ne pouvait donc faire autre chose que ce qu'il fit. Son allusion à Thémistocle indique qu'il avait conscience d'avoir été l'ennemi le plus mortel qu'ait jamais eu l'Angleterre. Il se

souvint peut-être, à ce moment, qu'à la rupture
du traité d'Amiens, il s'était efforcé d'envenimer
la querelle en faisant prisonniers les Anglais
qui se trouvaient alors en France. Mais, d'autre
part, il réfléchit sans doute que l'Angleterre
était le seul grand pays qui n'eût pas été foulé
aux pieds et inondé de sang par ses ordres. Le
gouvernement anglais eût été inexcusable de
s'abandonner à des sentiments de vengeance;
il pouvait se permettre d'être magnanime, car
il venait de remporter la plus grande des victoires. Mais il était nécessaire d'enlever à Napoléon tout pouvoir d'exciter de nouvelles guerres,
et l'expérience faite récemment à l'île d'Elbe
prouvait que toute sécurité était impossible s'il
n'était pas privé de sa liberté. Il fallait en finir
avec cette frénésie qui avait coûté la vie à des
millions d'hommes. Ce principe avait été posé
dans la déclaration du 15 mars qui le mettait
hors la loi comme ennemi public. Il était donc
nécessaire d'imposer certaines bornes à ses agis-
sements. Il fallait le séparer de son parti et de
tout le parti révolutionnaire européen. Si on le
laissait en Europe, cette nécessité imposerait
un emprisonnement réel. La seule mesure qui
permît de lui accorder un bien-être personnel
suffisant et une existence convenable était de

l'interner hors d'Europe. Ces considérations déterminèrent le gouvernement anglais à l'envoyer à Sainte-Hélène. Le Parlement passa un acte « pour le maintien de Napoléon Bonaparte en détention », et un autre acte soumit l'île de Sainte-Hélène à un système spécial de gouvernement.

On le garda à bord du *Bellérophon* jusqu'au 4 août, puis on le fit passer sur le *Northumberland*. Il arriva à Sainte-Hélène le 15 octobre, accompagné des comtes Montholon, Las Cases et Bertrand, avec leurs familles, du général Gourgaud et d'un certain nombre de serviteurs. En avril 1816, sir Hudson Lowe, officier qui avait été anobli pour avoir apporté la nouvelle de la capitulation de Paris en 1814, arriva dans l'île comme gouverneur.

Le reste de sa vie, qui se prolongea jusqu'au 5 mai 1821, fut occupé tantôt à des querelles avec le gouverneur, querelles qui ont maintenant perdu tout intérêt, tantôt à la rédaction de l'histoire de sa vie, tâche qu'il avait entreprise à l'époque de sa première abdication. Il n'en écrivit pas lui-même le récit, et il ne paraît même pas qu'il l'ait dicté mot à mot. Le manuscrit est la reproduction des récits passionnés de Napoléon, rédigés tantôt par le comte Montholon, tantôt par le général Gourgaud ; mais les rédacteurs affirment que la narration, telle qu'elle fut publiée, avait été revue et corrigée d'un bout à l'autre par Napoléon lui-même. On y trouve un compte rendu assez complet de la période de sa vie s'étendant du siège de Toulon à la bataille de Marengo ; mais peu de chose sur les périodes suivantes, sauf un mémoire sur la campagne de 1815, auquel les éditeurs de la *Correspondance* sont parvenus à en ajouter un autre sur l'île d'Elbe et les Cent-Jours.

Ces mémoires ont été souvent comparés aux *Commentaires* de César, et leur valeur serait réellement inappréciable s'ils se rapportaient à une période imparfaitement connue. Mais notre époque, qui est en possession d'informations abondantes et qui prend l'histoire au sérieux, est particulièrement frappée par les falsifications savantes que ces pages contiennent. Un grand nombre d'erreurs, dont beaucoup sont évidemment intentionnelles, doivent être imputées à Napoléon, et, dans plusieurs cas, il a essayé de glisser dans l'histoire des documents apocryphes.

Ces mémoires, en traitant presque exclusivement de la première période de sa vie et de la campagne de Waterloo, ont contribué à faire

accepter les récits mensongers à l'aide desquels
il a été idéalisé après sa mort. Ils rappelaient
au monde que le Prométhée agonisant alors
sur un roc solitaire, qui venait de succomber
en défendant une nation libre contre la coalition des rois et des empereurs, était le même
héros qui, dans sa jeunesse, avait été le champion de la première République française contre
la première coalition. Ils laissaient dans l'ombre
le long intervalle entre ces deux périodes. C'est
ainsi que se forma, en plein XIXe siècle, cette
légende napoléonienne qui n'aurait peut-être
jamais été sérieusement ébranlée sans la chute
du second Empire. Considérez la carrière de
Napoléon à partir de 1803 jusqu'en 1814, à
l'époque où il agit avec le plus de liberté; vous
le voyez saper la République d'une main habile
et la remplacer par une monarchie héréditaire.
Cette nouvelle monarchie se déclare le grand
ennemi et l'oppresseur des nationalités, en sorte
que les mouvements nationaux, soit qu'ils écla-
tent en Espagne ou dans le Tyrol, soit qu'ils
s'étendent dans le nord de l'Allemagne, consti-
tuent une réaction contre la tyrannie de Napoléon. Mais en 1815, il réussit à se poser en
champion et en martyr du principe des nationalités contre la Sainte-Alliance. Le rideau tomba

sur cette dernière attitude. Elle rappela le souvenir du Bonaparte qui, à la fin du xviiie siècle, avait semblé présenter le modèle antique du héros républicain rêvé par Rousseau, et les hommes oublièrent, cette fois encore, qu'il avait complètement déçu leur attente. En ne mettant en lumière que le commencement et la fin de sa carrière, et en voilant toute la période intermédiaire, on a obtenu un Napoléon imaginaire qui est un républicain et non un despote, un ami de la liberté et non un autoritaire, le champion de la révolution et non le destructeur de la révolution, un héros de l'indépendance et non un conquérant, l'ami du peuple et non son contempteur, un homme de cœur et de vertu et non un soldat cynique, cruel et machiavélique. C'est l'illusion ainsi créée qui a été la cause de la restauration de la dynastie napoléonienne en 1852.

Il mourut le 5 mai 1821 d'un ulcère à l'estomac. Dans son testament, il se déclare catholique, et exprime le vœu que ses cendres reposent « sur les bords de la Seine, au milieu de ce peuple français qu'il a tant aimé » ; il parle avec tendresse de Marie-Louise et de son fils, ainsi que de tous ses parents, à l'exception de Louis, à qui il « pardonne » le libelle qu'il a publié en 1820; il désavoue le *Manuscrit de Sainte-Hélène*, mystification qui avait eu récemment beaucoup de succès; il justifie l'exécution du duc d'Enghien, impute les deux invasions de la France à Marmont, Augereau, Talleyrand et La Fayette, à qui il « pardonne », et voue l'oligarchie anglaise, qu'il accuse de sa mort prématurée, à la vengeance du peuple anglais. Dans un codicille d'un caractère essentiellement corse, il lègue 10,000 francs au sous-officier Cantillon « qui a été mis en jugement comme accusé d'une tentative d'assassinat contre lord Wellington, fait dont il a été déclaré innocent. Cantillon avait aussi bien le droit d'assassiner cet oligarque, que ce dernier avait le droit de m'envoyer mourir sur le rocher de Sainte-Hélène ».

Il fut enseveli à Longwood, dans l'île de Sainte-Hélène; mais, pendant le règne de Louis-Philippe, et avec l'autorisation du gouvernement anglais, ses restes furent transférés à Paris, aux Invalides, où un dôme majestueux fut érigé au-dessus du sarcophage qui les renferme.

DEUXIÈME PARTIE

PLACE DE NAPOLÉON DANS L'HISTOIRE

Après avoir passé en revue la carrière d'un
personnage historique, on cherche généralement à se former une opinion sur sa valeur
et son caractère. Mais la mesure exacte d'un
grand homme, c'est-à-dire d'un de ces hommes
dont la puissance d'action a été aussi exceptionnelle que la sphère où elle s'est exercée,
est bien plus difficile à trouver qu'on ne le suppose ordinairement. On jugera de l'extrême
difficulté que présente le cas de Napoléon par
l'étonnante divergence des jugements portés
sur son compte, soit par des historiens tels que
Thiers, d'une part, et Lanfrey de l'autre, soit
par des contemporains ne manquant ni d'intelligence, ni d'impartialité, tels que Gœthe ou
Hazlitt d'un côté, et Jefferson ou Southey de
l'autre : on en jugera aussi par ce fait que la

postérité n'a pas encore prononcé de verdict définitif sur son compte et ne semble pas sur le point de le faire. La carrière de Napoléon se prête volontiers à l'extrême du panégyrique ou de l'invective, mais il n'est pas de personnage historique plus difficile à apprécier justement. Il ne serait pas en harmonie avec le plan modeste de ce volume de porter un jugement formel, mais on pourra sans doute admettre une tentative dans ce sens, ou du moins quelques indications sur le mode à employer pour former ce jugement.

La série des succès de Napoléon est absolument la plus merveilleuse de l'histoire. Personne ne peut mettre en doute qu'il laisse loin derrière lui Turenne, Marlborough et Frédéric; et même, quand nous élevons la comparaison jusqu'à Alexandre, Annibal, César ou Charlemagne, nous constatons qu'au point de vue du merveilleux, Napoléon les surpasse tous. Chacun de ces grands hommes était en possession dès sa naissance d'une situation exceptionnelle. Deux d'entre eux héritèrent d'un trône; Annibal eut un héritage royal en tout, sauf le nom; César reçut en naissant une position éminente dans un grand empire. Mais Napoléon, qui s'éleva aussi haut que le plus glorieux d'entre eux, n'était, au commencement de sa vie, qu'un provincial obscur et presque sans patrie. C'est précisément ce côté merveilleux de sa carrière qui paralyse notre jugement. Il nous semble apercevoir en même temps un génie dépassant toute appréciation, un caractère unique et une fortune absolument inexplicable.

On ne saurait évidemment mettre en doute que sa personnalité, comme sa fortune, n'aient été toutes deux également extraordinaires. Mais c'est la réunion de ces deux merveilles qui met le comble à notre étonnement. La première mesure à prendre pour porter un jugement équitable est de séparer les deux facteurs. Je me propose donc de rechercher d'abord dans quelles limites et de quelle manière Napoléon fut favorisé et formé par les circonstances, et d'examiner ensuite tout ce qui ne peut être expliqué que par son idiosyncrasie personnelle.

CHAPITRE PREMIER

JUSQU'A QUEL POINT NAPOLÉON FUT FAVORISÉ PAR LES CIRCONSTANCES

§ 1ᵉʳ. — Son élévation au pouvoir.

Il y a des époques, et ce sont les moins rares, où les capacités les plus merveilleuses seraient impuissantes à faire sortir un homme de l'humble situation où Napoléon naquit, pour l'élever au faîte du pouvoir. Mais les dernières années du xviii siècle forment une période exceptionnelle, pendant laquelle cette élévation était non seulement possible en France, mais pouvait même — et c'est ce dont il convient de tenir le plus grand compte — se réaliser sans une capacité réellement extraordinaire. Or, cette partie spéciale de la carrière de Napoléon, à laquelle la vie des Alexandre et des Annibal ne peut rien offrir de comparable, est justement celle qui, dans ces temps exceptionnels, était à la portée d'un homme ordinaire.

La Révolution avait brisé le moule imposé depuis mille ans à l'histoire de l'Europe, et avait intronisé une forme de gouvernement étrangère au monde féodal, mais bien connue de l'antiquité, comme aussi de l'Italie du moyen âge, et bien facile à comprendre : l'impérialisme. C'est la forme qui apparaît presque invariablement quand l'institution d'une grande armée coïncide avec la chute d'un ancien gouvernement. C'est ainsi qu'elle apparut en Angleterre quand fut établie la première armée permanente, au moment de l'abaissement de la monarchie des Stuarts. C'est encore ainsi qu'elle apparut en France, au moment de la chute des Bourbons, lorsque la nation se trouva plongée dans une guerre d'une gravité sans exemple. Un gouvernement fortement établi est seul assez puissant pour maintenir une grande armée dans l'obéissance : s'il fait défaut, l'armée s'empare aussitôt du pouvoir sans rencontrer de résistance, et c'est là l'impérialisme. Sa forme initiale est habituellement républicaine, car l'Assemblée souveraine subit le contrôle secret d'un groupe d'officiers. Tel fut le système qui prévalut de 1648 à 1653, au temps du Long Parlement ; tel il fut aussi à Rome pendant les dix années du Triumvirat, et tel encore en

France, sous le Directoire, surtout pendant les deux années qui séparent Fructidor de Brumaire. Mais dans chacun de ces cas, le système aboutit rapidement à la monarchie. César mit de côté à la fois le Sénat et Pompée; Cromwell renversa le Long Parlement et Fairfax; enfin Bonaparte triompha d'abord du Directoire, puis de Moreau. Quand cette révolution s'accomplit, le monarque imposé par elle est toujours un général heureux, et c'est dans ces conditions qu'on voit le plus souvent arriver au trône un aventurier victorieux. L'élévation de Bonaparte n'est pas beaucoup plus surprenante que celle de Cromwell, et dans l'âge classique de l'impérialisme, au temps de l'Empire romain, il arriva plus d'une fois qu'un grossier soldat devint ainsi maître du monde, comme le fut Marius, le fondateur réel de l'impérialisme.

Ainsi le miracle de l'élévation de Bonaparte au pouvoir s'explique par son époque bien plus que par sa personnalité. La tradition de dix siècles venait d'être abandonnée, et ce qui pendant mille années était resté impraticable, devenait possible et même naturel. On a vu qu'avant le retour d'Égypte, d'autres généraux avaient été sondés au sujet d'un changement dans la Constitution. Si Bonaparte avait été retenu un peu plus longtemps de l'autre côté de la Méditerranée, ou s'il eût été capturé par un croiseur anglais, on ne peut s'empêcher d'admettre qu'une révolution semblable à celle de Brumaire se serait néanmoins accomplie, et aurait élevé quelque autre aventurier au pouvoir suprême. Un autre officier, doué de grands talents militaires, mais sans autres capacités extraordinaires, serait alors devenu l'homme le plus puissant de l'Europe. Même dans le cas d'un échec final, sa fortune aurait été considérée comme merveilleuse. Peut-être aurait-on vu surgir une série de soldats de fortune pareille à celle des présidents des États-Unis. Aucun d'eux assurément n'aurait acquis une situation égale à celle de Napoléon; mais un Moreau, ou un Bernadotte, aurait pu régner heureusement et remporter de grandes victoires. Il est même très probable qu'aucun d'eux n'aurait succombé d'une façon aussi désastreuse que Napoléon à la fin de sa carrière, et que la Belgique, la Savoie et la rive gauche du Rhin n'auraient pas été perdues pour la France.

§ 2. — Son ascendant en Europe.

Quand on dit que, par son génie, Bonaparte donna à la France l'ascendant qu'elle posséda en Europe, on néglige l'ordre de succession chronologique des événements; on fait à Bonaparte une part beaucoup trop grande et on en fait une beaucoup trop petite à ceux qui l'avaient précédé. La guerre sévissait avec violence depuis quatre ans quand Bonaparte prit pour la première fois le commandement d'une armée. C'est sans le secours de Bonaparte que la France avait vaincu et dissous la coalition, c'est sans son secours qu'elle était devenue une puissance prépondérante, qu'elle avait conquis et réparti en départements la Belgique, la Savoie et Nice, qu'elle avait occupé toute la rive gauche du Rhin et mis la Hollande sous sa complète dépendance. C'est pendant ce temps, et sans l'aide de Bonaparte, qu'en France s'était développée une puissance militaire sans rivale, qu'un nouveau système de recrutement avait été imaginé, et qu'une nouvelle période de gloire militaire avait été inaugurée. Toute cette merveilleuse révolution avait été accomplie avant son apparition; le pouvoir militaire devenait déjà maître de l'autorité suprême. l'âge des conquêtes était commencé, quand il arriva à la prééminence. Ce furent Jourdan. Pichegru, Moreau. Carnot. qui dirigèrent cette évolution. et non Bonaparte. Pendant les quatre années qui suivirent, le mouvement continua sans interruption : on peut dire que Fructidor (1797) établit définitivement le gouvernement militaire ; la Lombardie, l'Italie centrale, la Suisse et la rive gauche du Rhin furent ajoutées aux conquêtes faites par la France et le système germanique reçut un coup fatal. Tout cela aussi avait eu lieu avant que Bonaparte parvînt à la direction des affaires. Sans doute il avait eu sa part, et la plus grande, dans tous ces changements ; mais cependant bien des choses s'étaient faites sans lui ; il n'avait pas donné l'impulsion, il ne fit que suivre l'élan imprimé par d'autres ; s'il n'avait jamais paru. le caractère du gouvernement de la France et la situation de la France en Europe auraient été en réalité les mêmes. Même après Brumaire, on doit remarquer que la victoire qui décida du succès de la guerre et donna la paix au Continent, fut gagnée par Moreau et non par Bonaparte.

Ainsi, pendant ses premières années, la barque de Napoléon est poussée par une marée puissante. Nous voyons sans peine que, pendant cette période, sa carrière n'est sans rivale que parce qu'une convulsion sans précédents l'a déterminée. Les temps de révolution offrent des occasions exceptionnelles et si la carrière de Napoléon n'a pas été seulement exceptionnelle, mais absolument unique, c'est que la Révolution française présente aussi un caractère unique.

§ 3. — Ses conquêtes.

Nous devons faire une remarque identique au sujet de la série incomparable de campagnes triomphantes qui suivit son élévation au pouvoir suprême. La Révolution avait créé un puissant organisme militaire et politique déjà tout prêt à agir quand il tomba entre les mains de Bonaparte. Avec cet avantage, une même somme d'énergie devait produire des résultats infiniment plus considérables qu'au temps de Frédéric ou de Marlborough. Le génie d'un chef doit être mesuré moins d'après les résultats obtenus que d'après les difficultés surmontées. Quand nous suivons Guillaume III dans sa lutte contre Louis XIV, Frédéric dans la guerre de Sept ans, Washington dans la guerre de l'indépendance des États-Unis, et Wellington dans la **Péninsule**, nous remarquons combien leurs forces étaient au-dessous de celles de leurs adversaires, combien les moyens dont ils disposaient étaient insuffisants, et enfin comment ils trouvèrent, dans leur propre génie, des ressources pour suppléer à tout ce qui leur manquait. La situation de Bonaparte après Brumaire est tout l'opposé de celles-là. Jamais chef de gouvernement moderne n'a disposé avec une autorité aussi absolue de moyens d'action aussi puissants.

Étudions d'abord ces moyens d'action. En sept années de guerre, la France avait acquis une supériorité militaire prodigieuse, et dominait le Continent comme aucune puissance ne l'avait fait jusque-là. En outre, pendant cette période, elle avait contracté l'habitude et le goût de la grande guerre et la nation avait fini par s'accommoder à la nécessité de mettre de grandes armées en campagne. L'héroïsme qui animait les soldats leur était inspiré par la croyance, légitime au début, qu'ils se dévouaient pour leur patrie, et par la conviction, justifiée en partie, qu'ils étaient les champions de grands principes. Sept années d'efforts et de privations avaient trempé leur valeur et établi la discipline dans leurs rangs. C'est vainement que nous chercherions dans l'histoire un instrument de guerre d'une efficacité et d'une puissance aussi grandes que l'armée française de cette époque.

Remarquez encore avec quel abandon absolu cet instrument fut mis entre les mains de Bonaparte. La guerre pèse comme un lourd fardeau sur la plupart des nations, elles ne la supportent qu'avec peine et répugnance; la guerre nécessite des impôts qui accablent la population; elle rencontre de l'opposition dans les assemblées et les parlements. Dans la plupart des États, le général habile se trouve dans la position d'un serviteur; il doit en référer tantôt à un souverain jaloux, tantôt à une nation qui souffre et s'impatiente. Rappelons-nous seulement à quelles contrariétés fut en butte Guillaume III; comment Marlborough fut épié, calomnié et enfin renversé par l'opposition. Autant les armées de Napoléon surpassaient en nombre et en efficacité celles de Marlborough, autant son autorité était plus grande, plus facilement et plus sûrement obéie. Un grand nombre de causes contribuaient, depuis longtemps, à créer en France une autorité militaire illimitée. C'était un pays qui, depuis un siècle et demi, vivait sous un gouvernement despotique, et où, depuis un siècle, on avait organisé de

grandes entreprises militaires, restées extrêmement populaires tant qu'elles avaient été
heureuses. Avec la Révolution, le despotisme
n'avait fait que prendre une nouvelle forme ;
il était devenu plus violent que sous les
Bourbons. Depuis 1793, c'était le despotisme
d'une dictature militaire, justifié au début
par le danger imminent que faisait courir
au pays l'invasion d'une coalition, et pesant
principalement sur l'armée dont trois chefs,
Houchard, Custine et Beauharnais, étaient morts
sur l'échafaud. Juste avant Brumaire, le danger
imminent de 1793 avait reparu, car après une
longue série de victoires, la République venait
de subir des revers, et, en 1799, la France était
pour la seconde fois menacée d'invasion. Ce fut
alors que le sceptre de fer forgé au foyer de la
Révolution tomba aux mains de Bonaparte.
Pendant bien des années, les Français furent
satisfaits de le voir dans de telles mains, car
ils regardaient Bonaparte comme plus habile
que Carnot, et, d'ailleurs, en prenant le pouvoir, il avait abjuré tous les excès du jacobinisme. Ajoutons que les parlements s'étaient
discrédités en France par dix années d'insuccès,
et qu'après les avoir vus décimés et épurés par
autant de révolutions qu'il y avait de mois dans

le calendrier républicain, les Français en étaient arrivés à souhaiter de n'en plus entendre parler jamais. On cessa de reproduire leurs discussions et il arriva en conséquence que, au moment où l'armée la plus puissante et la mieux disciplinée tombait sous l'autorité absolue du plus grand spécialiste militaire, qui était en même temps le chef de l'État, les Assemblées constitutionnelles qui auraient pu contrôler ses plans de guerre ou rogner ses budgets militaires, se trouvaient de fait réduites au silence.

Il résulte de cette situation que, tandis que d'autres grands généraux ont montré quelles grandes choses on peut accomplir avec des moyens restreints, la carrière de Bonaparte, à partir de son avènement au pouvoir, montre au contraire tout ce que peut exécuter de plus extraordinaire le génie disposant de ressources et de facilités illimitées. Cette remarque n'est pas pleinement applicable à ses premières campagnes, y compris celle de Marengo; elle ne convient pas non plus à la campagne défensive de 1814; mais elle s'applique à toute la série sans égale des triomphes qui commencèrent à Ulm, et se terminèrent à Dresde.

§ 4. — Était-il invincible?

On a souvent répété que, dans la nombreuse série des batailles qu'il livra, il ne fut battu que quatre fois : à Eylau, Aspern, Leipsick et Waterloo; on ajoute que de ces quatre défaites, les deux premières ne sont que des batailles indécises; qu'à Leipsick, il fut « terrassé par le poids des armées accumulées contre lui », et que la défaite de Waterloo est imputable à Grouchy, qui ne comprit pas ses ordres. Les assertions de cette nature tendent à faire admettre que son génie, au moins dans la guerre, était infaillible et sans bornes; qu'il savait dominer jusqu'à la fortune, et qu'il ne pouvait enfin se laisser arracher le succès que par la méprise d'un subalterne ou l'impraticabilité absolue de l'entreprise.

C'est là une illusion produite par l'habitude populaire de considérer une guerre comme une série de batailles rangées, et chaque bataille comme une sorte de duel entre les chefs de deux armées opposées. Les meilleurs juges en matières militaires s'accordent pour considérer Napoléon comme un des plus grands tacticiens connus, et comme un des généraux ayant possédé au plus haut degré le coup d'œil, la rapidité de conception, et la présence d'esprit qui gagnent les victoires. Mais lorsque, dans une longue série de batailles, un chef d'armée n'éprouve presque jamais de défaites, il faut naturellement en conclure qu'il a certainement sous ses ordres des troupes excellentes et parfaitement disciplinées. On peut discerner nettement dans plusieurs de ses campagne, spécialement dans celles de Marengo et d'Austerlitz, l'admirable efficacité de l'armée formée pendant la Révolution. Bonaparte recueillit les avantages de la période de guerre qui avait précédé son élévation, et il en profita jusqu'au jour où il s'en alla semer cette incomparable armée sur les neiges de la Russie. Mais une guerre est bien autre chose qu'une suite de batailles, et nous n'accorderions pas au génie militaire de Napoléon toute sa haute portée, si nous le considérions simplement comme un gagneur de batailles. C'est en stratégie plus encore qu'en tactique, c'est par la largeur de la conception et l'ampleur des combinaisons de ses plans de campagne, qu'il montre sa supériorité sur les autres généraux. Mais si un chef d'armée peut faire preuve du plus éclatant génie, il peut aussi commettre les plus graves erreurs dans la direction générale de la guerre. Il suit de là qu'il peut être vaincu, et même subir une défaite éclatante, sans avoir perdu en personne une seule bataille ; et qu'il peut même gagner toutes les batailles d'une campagne, et perdre pourtant la campagne elle-même.

Nous n'avons qu'à appliquer cette règle à Napoléon, et l'illusion de son invincibilité disparaîtra. Nous reconnaissons en lui un stratégiste plus habile que tous ceux qui l'ont précédé, mais un stratégiste susceptible d'erreurs et d'échecs graves. Il remporte les plus magnifiques succès, mais aussi il subit les défaites les plus complètes et les plus désastreuses, et ses défaites ne sont pas moins nombreuses que ses succès. Les généraux les plus malheureux qui aient jamais existé, Xerxès, Darius, ou même son propre neveu Napoléon III, n'ont jamais éprouvé une succession de désastres écrasants comparables à ceux de Napoléon dans les années 1812, 1813, 1814 et 1815. Et si nous regardons les choses de plus près, nous voyons que ce ne sont pas là les seuls désastres qui l'aient frappé, mais que, dans sa jeunesse, il en subit d'autres presque aussi complets ; ils sont seulement moins remarqués, parce qu'il réussit à les couvrir du rayonnement de sa gloire. Ainsi, par exemple,

la gloire d'Austerlitz voile l'échec absolu de
ses plans d'invasion de l'Angleterre, plans
élaborés par lui, et dont l'échec aurait dû
abaisser notre haute opinion de sa bonne fortune, autant que leur succès l'aurait relevée, et
qui aboutirent à la ruine absolue de la puissance navale de la France. De même encore le
succès du coup d'État de Brumaire et la splen-
deur des débuts du Consulat cachent à nos
yeux l'échec de l'expédition d'Egypte. Et pourtant quelle défaite fut jamais plus complète et
plus désastreuse? L'expédition se termina simplement par le rétablissement de la suprématie
de l'Angleterre dans la Méditerranée, d'où les
flottes anglaises avaient été retirées, et par l'acquisition de Malte par les Anglais. Pourtant
c'était l'entreprise favorite de Napoléon, celle
qui plus que bien d'autres portait le sceau de
son génie particulier. De plus, si l'on recherche
la cause de ce désastre, au lieu de découvrir
un de ces incidents qu'on ne saurait raisonnablement prévoir, on trouve un vulgaire
manque d'appréciation viciant d'avance le projet tout entier : à savoir, une évaluation de la
puissance navale de l'Angleterre ridiculement
inférieure à la réalité.

Toutes ces considérations réunies montrent

que la carrière de Napoléon, quoique la plus extraordinaire de celles que rapporte l'histoire, ressemble aux autres grandes carrières par sa nature, et n'en diffère qu'en degré; qu'il ne faut pas la regarder superstitieusement comme l'œuvre spéciale du Destin, ou comme celle de quelque influence plus haute que le simple génie, témoignage d'une valeur et d'une habileté surnaturelles. C'est à la Révolution française et à la direction qu'elle suivit qu'il faut demander l'explication de la grandeur qui nous étonne dans cette carrière. Une convulsion sans égale souleva les vagues, et il arriva que toutes les forces et les passions sauvages déchaînées par la Révolution se condensèrent en puissance militaire. Le résultat fut une armée incomparable qui tomba, en même temps que le gouvernement d'un grand État européen, aux mains d'un spécialiste militaire consommé, doué du caractère le plus énergique. Il put manier cette arme absolument à son gré, et il s'en servit pour exécuter une série d'entreprises militaires gigantesques, toujours conduites avec habileté, mais aussi, pour la plupart, avec une imprudence extrême, et qui eurent pour résultat quelques triomphes prodigieux, suivis d'une série de désastres plus prodigieux encore.

CHAPITRE II

JUSQU'A QUEL POINT NAPOLÉON FUT-IL L'OEUVRE DES CIRCONSTANCES

§ 1er. — Son mépris de toute loi.

Non seulement les circonstances ont ouvert la carrière à Napoléon, mais elles ont sans cesse influé sur ses aises. Elles l'ont créé, et elles l'ont conduit.

On est, en général, porté à exagérer l'importance de la personnalité et du libre arbitre dans les affaires d'ici-bas. Ceux qui ont regardé le caractère de Napoléon sous le point de vue le plus favorable, et ceux qui l'ont vu sous les couleurs les plus noires semblent également donner à sa personnalité une part dans les événements plus grande qu'elle ne l'a eue en réalité, ou même qu'elle ne pouvait l'avoir. Au premier coup d'œil jeté sur sa carrière, on s'aperçoit qu'il ne fut presque jamais guidé par les considérations morales ordinaires, et ceux qui essaient de défendre ses actes d'après les principes de la morale généralement admise, réclament en sa faveur plus qu'il ne demandait lui-même, car il répétait souvent que « les règles de la morale n'étaient pas applicables aux actes de la classe de l'humanité à laquelle il appartenait ». Était-il donc au-dessus ou au-dessous des prescriptions de la morale? C'est-à-dire était-il un aussi grand génie en morale qu'en science militaire, et ne rejetait-il loin de lui les conventions que pour être plus fidèle aux grands principes, pour faire plus de bien, et pour réaliser, par ses actes d'une audace en apparence contraire à toute loi, plus de progrès qu'un moralisme timide n'aurait pu en accomplir en dix fois autant d'années? Ou bien était-il, comme l'admet la thèse opposée, l'incarnation du mal, Satan tel que le décrit Milton, unique dans l'univers? Ces deux manières de voir nous paraissent lui attribuer trop d'originalité. C'était un grand soldat, et un maître très énergique, — ce qui revient à dire qu'il avait un grand génie pour l'action; mais c'est une erreur que de lui attribuer les vertus ou les vices d'un philosophe. Il n'avait pas d'originalité dans les idées, et il n'en faisait pas grand cas: mais c'était un « virtuose » dans l'art de se servir des idées nouvelles qu'il trouvait en circulation. Si nous examinons plus spécialement ses actes criminels ou simplement arbitraires, nous voyons d'une façon de plus en plus claire qu'il est, dans sa morale politique, le représentant d'une démoralisation particulière qui, depuis le commencement du xviiie siècle, n'avait pas cessé de se développer en Europe.

Le partage de la Pologne est cité comme l'un des plus grands crimes internationaux, et on peut dire sans injustice que la carrière tout entière de Napoléon consiste en une série de crimes analogues. Depuis la destruction de la République de Venise et l'invasion de la Turquie, au commencement de cette carrière, jusqu'à la confiscation de l'Espagne, la spoliation de la Prusse, et l'invasion de la Russie quelques années plus tard, nous retrouvons sans cesse cette même détermination de faire, en dépit de toute loi, l'usage le plus effréné d'une puissance militaire telle qu'on n'en avait jamais vu de pareille, et qu'on n'en devait probablement pas revoir de longtemps. La spoliation sans frein est sa règle, et elle n'est voilée que des prétextes les plus transparents. Mais rien que le souvenir du partage de la Pologne devrait nous empêcher de regarder Napoléon comme l'inventeur ou l'initiateur du mépris des lois internationales. L'exemple avait été donné quand il n'était encore qu'un enfant. Ce n'avait pas été d'ailleurs un exemple unique, à beaucoup près, et il ne fut pas le premier à le suivre. C'est ce que prouvent suffisamment le second et le troisième partage de la Pologne qui, comme le premier, eurent lieu avant l'apparition de Napoléon; c'est ce que prouve aussi la violence, sans loi ni scrupule, qui caractérisa les guerres révolutionnaires de 1792 à 1796, autant que celles qui suivirent la première campagne de Napoléon.

La personnalité exerce sur nous une influence fascinatrice. Nous percevons, en quelque sorte, bien plus distinctement des actes que nous pouvons attribuer à une seule individualité remarquable, que des actes semblables dont la responsabilité est partagée entre plusieurs personnes, dont les unes sont obscures, et les autres absolument inconnues. Le caractère d'énormité des actes de Napoléon nous frapperait moins si ces mêmes actes avaient été commis par une succession de ministres français pendant la même série d'années. Pour se convaincre de la justesse de cette observation, il suffit de remarquer que ces mêmes principes d'immoralité étaient depuis longtemps déjà répandus en Europe, que de

nombreux actes de même nature avaient été
commis pendant le xviiᵉ siècle, et que, si grande
que soit d'ailleurs la différence de puissance et
de capacité, la différence de moralité est bien
légère entre Napoléon et certains souverains de
cette époque. Quand nous étudions le caractère
général de ce temps, nous ne tardons pas à reconnaître que les guerres napoléoniennes ne
sont que la catastrophe finale vers laquelle se
précipitait follement l'Europe; le dernier pa-
roxysme d'un possédé, avant que l'esprit du mal,
qui n'était alors que l'esprit du cynisme international, se retire de lui. Nous venons de citer
le partage de la Pologne, mais cet acte n'était
pas réellement aussi exceptionnel, et nous n'aurions pas dû le donner comme la cause de la
démoralisation de l'Europe, mais plutôt comme
l'une des nombreuses preuves que l'Europe était
déjà démoralisée.

Le professeur Stubbs a fait la remarque qu'au
moyen âge on faisait la guerre pour des droits,
tandis que dans les temps modernes on la fait
pour des intérêts. Presque jusqu'à la fin du
xviiᵉ siècle, c'est-à-dire tant que la religion resta
l'influence internationale dominante, on peut
dire que, malgré bien des désordres et bien des
crimes, le cynisme éhonté ne prévalut pas dans

les relations internationales. Mais pendant tout le xviiie siècle, à partir de la guerre de la succession d'Espagne, on peut affirmer que, quoiqu'il y eût un certain adoucissement dans la manière de se conduire en campagne, les guerres furent entreprises sous des prétextes d'une immoralité plus flagrante qu'avant ou après ce siècle. Le vieux système européen fondé sur l'unité religieuse avait cessé d'exister; le système suivant, fondé sur la lutte entre deux religions rivales, avait aussi presque disparu. D'autre part, le système moderne, fondé sur les nationalités, ne commença à se montrer qu'au moment de la Révolution française. Voilà pourquoi, tandis que nos guerres du xixe siècle sont inspirées par le patriotisme national, et que celles du xviie siècle, même les guerres de Louis XIV, gardent encore un vernis de religion, si superficiel soit-il, les guerres de la période intermédiaire (je parle des guerres continentales), sont à peine colorées d'un prétexte moral quelconque. C'est l'âge de fer des relations internationales, l'âge pendant lequel on se jette sur son voisin, simplement pour arrondir son propre territoire, ou pour se faire un État plus compact. Le mot sinistre de « partage », prononcé un peu auparavant au sujet de l'empire espagnol, alors qu'on espérait pouvoir opérer, par un traité entre Guillaume III et Louis XIV, ce règlement de comptes qui coûta, quelques années plus tard, une guerre à l'Europe, semble dominer tout le siècle. On croirait que le précédent établi dans le cas de l'empire espagnol a démoralisé tous les hommes politiques de l'Europe. Ils voyaient d'une part la famille des Bourbons gagner un royaume en dépit d'une renonciation solennelle; de l'autre, un remaniement de la carte d'Europe accompli par la force des armes. A partir de ce moment toute grande vacance royale devient le signal d'une guerre, à l'exemple de celle de la succession d'Espagne. Si Louis XV était mort dans l'enfance, comme on s'y attendait, il y aurait eu certainement, de 1720 à 1730, une guerre de la succession de France; il y eut, de 1730 à 1740, une guerre de la succession de Pologne; une guerre de la succession d'Autriche de 1740 à 1750, qui amena une seconde lutte terrible de 1750 à 1760. A dater de 1770, nous trouvons le partage de la Pologne et une guerre de la succession de Bavière. Après 1780, on fait une tentative pour le partage de la Turquie. Dans le cours de ces guerres, rois et ministres s'accoutument à considérer comme naturels des remaniements aussi considérables que ceux d'Utrecht, et à rompre des engagements aussi sacrés que ceux dont Louis XIV s'était délié. Cela fut bien prouvé par la précipitation avec laquelle tant de souverains mirent en abandon les traités par lesquels ils s'étaient engagés à respecter la Pragmatique Sanction. Le spectacle que présenta alors l'Europe prouve que le partage de la Pologne, arrivé trente années plus tard, n'était pas nécessaire pour démoraliser les hommes d'État.

Il est facile de montrer que la Révolution française et Napoléon marchèrent dans les voies tracées à des époques antérieures. Leurs partages et leurs annexions ne provinrent presque jamais de leur propre initiative: dans le plus grand nombre des cas, ils ne firent que reprendre des projets déjà discutés, et revenir à des tentatives déjà faites par d'autres gouvernements. S'ils annexèrent la Belgique et donnèrent à l'Autriche une indemnité en Italie, qu'était-ce autre chose qu'une modification du grand projet de Joseph II, qui avait si longtemps occupé l'Europe, d'échanger la Belgique contre la Bavière? Il faut remarquer que ce même Joseph II avait eu aussi l'intention d'acquérir Venise. C'est naturellement dans le partage de la Pologne, que les diplomates français de l'époque trouvent leur meilleur argument, pour justifier, et même déclarer nécessaire un agrandissement proportionnel de la France; et de même encore l'expédition d'Égypte ne fut certainement entreprise par le gouvernement français que comme une réponse aux actes par lesquels la Russie et l'Angleterre s'étaient agrandies elles-mêmes dans le monde oriental.

La nature particulière de cette démoralisation se manifeste surtout dans la carrière de l'empereur Joseph II. Frédéric fut le premier à la reconnaître avec la franchise la plus cynique, et c'est pour ce motif même, que Frédéric nous frappe comme étant personnellement dépourvu de principes, plutôt que comme représentant la perversité particulière de l'époque. De tous les souverains de l'Autriche moderne, Joseph paraît être le plus dévoué au bien public, le plus énergique réformateur, le plus infatigable ennemi des abus; et cependant la politique étrangère de cet empereur se résume presque exclusivement en partages de provinces et en annexions tout à fait illégitimes, en sorte que, s'il avait obtenu autant de succès que Napoléon, il se serait rendu coupable d'un nombre presque aussi grand de crimes internationaux. On peut remarquer que pendant cette période, ce sont généralement les

17.

souverains les plus éclairés et les plus actifs, ceux qui ouvrent le plus librement leur intelligence aux progrès de l'époque, ceux que le libéralisme continental reconnaît maintenant comme ses initiateurs, qui se montrent le plus dédaigneux de toute loi, dans leurs actes de partage. Les trois grands souverains libéraux de leur temps, Frédéric, Joseph et Catherine, s'unissent pour exécuter le partage de la Pologne. Il n'est donc pas le moins du monde surprenant que, au moment où toutes les lumières de l'époque vinrent se concentrer dans la Révolution française, le principe du « partage » se soit glissé frauduleusement parmi les principes de 1789, et que, plus tard, Bonaparte, qui se flattait d'être le successeur de Frédéric le Grand en Europe, ait imité non seulement le code de Frédéric, non seulement ses vigoureuses mesures d'administration intérieure, mais encore l'envahissement de la Silésie et le partage de la Pologne.

Ainsi, son mépris de toute loi internationale ne peut donner à Bonaparte aucun titre à l'originalité. On ne peut, sur ce point, le considérer comme plus dépourvu de principes que les autres chefs politiques. Mais on peut l'accuser de les avoir tous dépassés par l'énergie impitoyable qu'il mit à pratiquer le principe à la mode, et

d'avoir commis des crimes de la même nature
que les leurs, mais en bien plus grand nombre.

En résumé, il était inévitable, si les maximes
enseignées pendant la première moitié du siècle
par Belle-Isle et Frédéric, et adoptées avec enthousiasme trente ans plus tard par Joseph et
Catherine, arrivaient à se faire généralement
accepter, comme cela eut lieu réellement à l'époque de la Révolution française, et si, dans le cours
des temps, un État européen acquérait une
grande supériorité militaire sur les autres, que
la conséquence fût une sorte d'application illimitée du principe du partage. C'est ce qui arriva,
et il en résulta l'empire universel de Napoléon.

Tandis que son mépris de toute loi en politique internationale doit être expliqué de cette
façon, les actes de violence dont il se rendit
coupable à l'intérieur, le meurtre du duc d'Enghien et celui de Palm, et quelques autres
mesures analogues semblent aussi moins originales et moins inattendues, quand on les classe
à leur rang dans le tableau de l'histoire de
France. Car si les relations internationales
avaient graduellement perdu toute moralité au
cours du xviiie siècle, la politique intérieure de la
France était tombée dans un désordre bien plus
grand encore pendant le règne de la Terreur, et

toute l'orageuse existence de la première République. Des actes qui, exécutés par un gouvernement civilisé, auraient indigné toute l'Europe, ne paraissaient malgré tout pas trop anormaux dans un pays qui venait d'assister à la prise d'assaut des Tuileries, aux massacres de Septembre, à la dictature et à la chute de Robespierre, et, plus récemment encore, à la crise violente et cruelle de Fructidor.

§ 2. — Sa faculté d'assimilation.

Ainsi son mépris de toute loi et sa violence doivent être considérées moins comme des vices inhérents à sa personnalité que comme les traits caractéristiques de l'époque révolutionnaire, qu'il s'était assimilés. Il existait, il est vrai, une certaine corrélation native entre sa nature corse et la manière de penser révolutionnaire. Rousseau avait mis à la mode les caractères antiques et il avait désigné la Corse comme la nouvelle patrie de ces caractères. Nous possédons des témoignages constatant que, dans la première partie de sa carrière, Bonaparte fit impression sur l'esprit des Parisiens comme réalisant, plus complètement que tout autre, le type imaginé par Rousseau. Son énergie violente, sa décision,

son attitude grave et sévère étaient en harmonie
avec l'époque; elles auraient paru absolument
ridicules au temps de Fleury ou de Bernis.
Mais il fut bien plus redevable encore à sa sou-
plesse intellectuelle, à la rare facilité d'imitation et d'assimilation qu'il voilait sous ses
dehors austères. Il avait une façon merveilleuse
d'adopter les idées courantes, d'en faire parade,
et de les utiliser à son profit. C'est ainsi qu'il
adopta le cynisme en politique extérieure, qu'il
fut terroriste à l'intérieur sous Robespierre,
anti-jacobin à Brumaire et, bientôt après, catholique d'occasion. Mais c'est dans la campagne
d'Orient qu'il manifesta avec le plus d'audace
sa tendance à s'affubler d'étranges ajustements
intellectuels. Il poussa cette manie à l'extrême
quand il s'imagina qu'il pourrait, en Orient, faire
passer le déisme de la Révolution française pour
du mahométisme; mais le règne de la terreur,
qu'il établit en Égypte, et le massacre de Jaffa
nous font bien reconnaître l'homme qui pouvait
prendre en Europe le rôle de Frédéric, et à
Paris celui de jacobin ou d'anti-jacobin, suivant
l'occasion. Il avait étudié les habitudes orientales, se les était assimilées, et savait que, dans
les guerres d'Orient, on a coutume de massacrer
les prisonniers!

Qu'il fut à un haut degré l'œuvre des circonstances, et que, tandis qu'il semblait dominer son époque, il ait été en réalité dominé et façonné par elle, c'est ce qu'il reconnaît lui-même quand il dit d'un auteur qui avait apprécié sa carrière : « Il parle de moi comme si j'étais une personne ! Je ne suis pas une personne, je suis une *chose*. »

Ceci prouve bien qu'il n'était un prodige ni de grandeur morale, ni de perversité. L'idée que, dans ses guerres sans fin et ses perpétuels remaniements de la carte d'Europe, il ait eu en vue quelque grande pensée de régénération de l'Europe qui clôrait enfin l'ère de la guerre, n'a presque jamais été nettement formulée, mais elle a hanté plusieurs écrivains comme pouvant être vraie, du moins en partie. Quel fut son véritable motif d'action, c'est ce que nous discuterons un peu plus loin ; mais il n'avait pas d'idées qui lui fussent propres, et ne possédait que le talent de s'emparer des idées de son époque et de les convertir en forces à son usage.

§ 3. — Ses relations avec les partis.

A ce point de vue, il ressemble donc à un grand « leader », à un chef de parti. Mais à quel parti

appartenait-il? Était-il un libéral? Fut-il d'abord
un libéral, puis un renégat? Un libéral qui, pendant une crise exceptionnelle, vit la nécessité
d'armer le libéralisme d'un pouvoir irrésistible
et, pour ce motif, créa une dictature à son bénéfice? Ou n'avait-il rien du libéral, et n'était-il
qu'un réactionnaire, ou même un tyran et un
aventurier égoïste? Pour moi, je n'ai pas attaché trop d'importance à son hostilité contre la
liberté, mais il ne m'est pas non plus possible
d'affirmer qu'après avoir été un glorieux et
enthousiaste champion de la liberté, il ait été
graduellement corrompu par le pouvoir au point
de devenir un tyran. Son pouvoir fut despotique
dès la première heure, et tout aussi despotique
quand il était Premier Consul que lorsqu'il fut
Empereur. On ne peut guère relever en lui
d'autre changement que l'abandon d'une certaine phraséologie républicaine dont il ne s'était
jamais servi que pour « jeter de la poudre aux
yeux ». Il ne fut même pas original en despotisme. Il n'inventa rien et ne fut que l'homme
des circonstances. En effet, avant son avènement,
la France, depuis 1792, n'avait pas connu d'autre
forme de gouvernement qu'un despotisme inflexible. Le parti jacobin, qui avait généralement
dominé pendant toute cette période, avait inau-

guré une forme de gouvernement plus violente
et plus dure que celles des monarchies les plus
absolues de l'Europe. Bonaparte hérita de ce
système de fer ; il le rendit plus méthodique,
moins violent et beaucoup plus supportable
pour la majorité de la population. Assurément,
il ne rêva pas de l'abolir et de le remplacer par
un système de liberté, mais il ne détruisit aucune
liberté, car il n'en restait aucune à détruire ; et,
à dire vrai, si l'on peut affirmer que certaines
nations, dans certaines circonstances, sont incapables de liberté, cela peut sans doute être dit
des Français de l'an 1800, démoralisés par huit
années de la plus furieuse discorde intestine.
On a souvent fait remarquer que la Révolution
ne donna jamais, et n'eut jamais sérieusement
l'intention de donner la liberté politique. Quant
aux libertés sociales, à l'égalité civile, qui avaient
été le fruit de la première Révolution, celle
de 1789, elles furent généralement maintenues
par Napoléon. Son système semble avoir été, en
thèse générale, le retour à la première révolution
et l'abandon de la deuxième (celle de 1792), la
révolution jacobine. Comparée aux vieilles monarchies européennes, la France napoléonienne
sembla toujours libérale, et Napoléon lui-même
était considéré en Europe comme un grand sou-

verain libéral, un successeur des Joseph et des Catherine.

Sans doute il délaissa, dans une certaine mesure, même les principes de la première Révolution. Ainsi il abandonna la Constitution civile du clergé, et, par le Concordat, rétablit dans leur ancienne forme les rapports antérieurs entre l'Église et l'État. Il ne faut pas oublier cependant que l'Église ainsi restaurée était privée de ses biens, abaissée, et qu'il était possible de croire que l'État n'avait plus rien à redouter d'elle. Plus tard encore, il viola les principes de la Révolution en créant une noblesse. Mais c'était à une époque où la conquête de l'Allemagne avait modifié l'État français jusque dans ses fondations, et où la Révolution française elle-même semblait avoir été remplacée par un mouvement nouveau, une révolution européenne.

Quant à la seconde révolution, la révolution jacobine, il est vrai qu'il la renia complètement. Mais il le fit ouvertement et sans tergiversations, au moment de prendre le pouvoir; et en la reniant, il ne se rétractait que bien peu. Avant cette époque, il n'avait pas été un homme politique proprement dit; je veux dire que sa politique personnelle ne s'était préoccupée jusque-là que des relations extérieures. Il serait dérai-

sonnable de l'appeler renégat parce qu'il abandonna à ce moment le jacobinisme, alors qu'il
avait été jacobin en Vendémiaire et que, depuis
il avait souvent parlé en jacobin : pendant toute
cette période il avait parlé comme soldat et non
pas comme homme politique.

§ 4. — Sa signification dans l'histoire de France.

Mais puisque les circonstances ont si grandement contribué à former Napoléon, comment
dans ce cas particulier ont-elles modelé une
figure aussi colossale? En d'autres termes, que
représente Napoléon? Ou bien est-il possible
qu'un aussi gigantesque déploiement de puissance puisse être attribué non pas à une seule
et simple cause, mais à une multitude de causes
secondaires fortuitement combinées? Dans un
certain sens, il est vrai, il représente l'esprit
de la Révolution, et il est difficile de ne pas
admettre, quoique les faits semblent réfuter
nettement cette manière de voir, que cet esprit
était, au moins en partie, un esprit de liberté.
La France avait éprouvé une sensation nouvelle
de santé, de jeunesse et de force, qui se manifesta d'abord dans l'enthousiasme des soldats
qui conquirent la Belgique et la rive gauche du

Rhin, avant même que le nom de Napoléon eût été prononcé; puis, plus tard, dans l'enthousiasme avec lequel les armées françaises se dévouèrent à Napoléon lui-même. Mais c'est faire naître une grande confusion que de se servir du mot « liberté » pour désigner toutes les formes d'enthousiasme qui peuvent se manifester dans une nation, alors même qu'elle est sous le joug d'un gouvernement de fer. Il est nécessaire d'employer un terme plus précis et mieux approprié. Ce n'était pas l'idée de la liberté, mais plutôt la pensée de la grandeur de la patrie qui inspirait ces armées. Les principes de 89 avaient en quelque sorte fait que tout Français se sentait citoyen, c'est-à-dire non pas tant un homme libre, qu'un homme ayant un intérêt dans l'État. Ce n'est pas par la liberté que les sujets de la Convention ou de Napoléon diffèrent des sujets de Louis XIV, mais par le sentiment intime que le gouvernement, quel que fût son absolutisme, était *leur* gouvernement. Ce sentiment diffère tellement de la liberté que, dans le moment où il possédait toute sa fraîcheur, il communiqua au despotisme une violence encore plus grande. Car le peuple tira vanité de la force et de la sévérité d'un gouvernement qui était le sien.

Le moment où un peuple acquiert le sentiment

de sa vie nationale, n'est pas moins important dans son histoire que l'instant où il reprend sa liberté : il est tout aussi important, mais absolument différent. Le peuple cesse alors de regarder le gouvernement avec une crainte haineuse, comme un ennemi ; ou avec résignation, comme une puissance supérieure incompréhensible ; il commence à le comprendre comme une force sortie de lui-même, et comme le défenseur puissant de ses intérêts. Dans aucun pays civilisé le point de vue superstitieux n'avait plus complètement prévalu que dans la France de Louis XIV ; aussi l'enthousiasme produit par la transformation fut-il d'autant plus grand, quand des vues rationnelles commencèrent à éclairer l'esprit des Français, et que l'État leur apparut comme un organisme vivant. Nous traduirons peut-être mieux notre pensée en disant que la Révolution rendit la France non pas libre, mais *organique*. Des cas identiques se sont présentés de notre temps. L'Italie et l'Allemagne sont devenues également organiques par l'abolition de petits gouvernements artificiels ou étrangers, et par l'établissement de l'accord entre l'État et la Nation. Dans les deux cas, cette transformation a paru tout d'abord plutôt nuisible que favorable aux progrès de la liberté ; dans les deux cas, elle a abouti à la plus énergique des formes possibles de gouvernement.

Or il est instructif de constater que, dans les deux cas aussi, le premier instinct de chacun des deux États ainsi nouvellement dotés d'une vie organique a été d'étendre son territoire et de faire la guerre à ses voisins. Le premier pas vers l'unité allemande fut marqué par une guerre infructueuse pour le Schleswig-Holstein; le second, par une guerre victorieuse dans le même but; et le couronnement de l'unité allemande à été en quelque sorte attesté par la conquête de l'Alsace et de la Lorraine. Le royaume d'Italie n'a pu se tenir pour satisfait sans Rome et Venise, et le cri de *Italia irredenta* n'a pas cessé de se faire entendre.

C'est le même instinct qui agissait en France quand, par une sorte de nécessité, la guerre étrangère sortit de la Révolution. Les discours de Brissot de Warwille qui inspirèrent Dumouriez et prophétisèrent Napoléon, témoignent de la connexité entre l'éveil du sentiment de la vie nationale organique et l'ambition guerrière dans la France révolutionnaire. « Nous sommes cent fois plus forts que nous n'avons jamais été », s'écrie-t-il; « le moment est venu de faire valoir nos anciens droits territoriaux ». On a beaucoup parlé du caractère ambitieux et sans scrupules de la nation française ; mais en réalité une histoire falsifiée lui avait suggéré des prétentions illimitées, auxquelles ne pouvait renoncer une nation courageuse et convaincue de la justice de ses droits. Les Français croyaient qu'ils avaient droit aux frontières de l'ancienne Gaule, au royaume d'Austrasie qui fit partie des domaines de Charlemagne, et à combien d'autres territoires encore ! Les illusions de cette nature étaient inévitables à cette époque, et elles formèrent la base de la politique extérieure de la Révolution. Voilà pourquoi, de même que la Révolution allemande de notre temps a conduit directement aux guerres contre le Danemark, l'Autriche et la France, la Révolution française alluma inévitablement la guerre sur le Rhin et en Belgique. Mais la particularité remarquable de la Révolution française, c'est qu'elle se perdit dans les guerres étrangères qu'elle engendra. Elle seule, en conséquence, a son Napoléon.

Ce résultat se produisit à peu près de la manière suivante :

1º Au début de la guerre, la France fut envahie, menacée de démembrement et aussi d'une contre-révolution accomplie par la violence. Cette menace aurait à toute époque soulevé un

grand mouvement de patriotisme; à ce moment
d'éclosion de la nationalité, elle alluma une
ardeur patriotique telle qu'on n'en avait jamais
vu d'égale dans aucun des grands États de l'Europe moderne. Elle fit surgir une immense armée
nationale, à laquelle aucune armée des temps
antérieurs ne saurait être comparée. Insensi-
blement cette armée de défense nationale se
transforma en une armée de conquête, et cette
armée de citoyens devint une armée de soldats
de profession; mais l'ancien esprit d'héroïsme
survécut longtemps aux causes qui l'avaient
engendré, et les soldats de Napoléon ne remar-
quèrent pas, avant 1808 ou 1809 (quand Lannes,
à ses derniers moments, reprocha à Napoléon
son ambition insatiable), qu'ils avaient cessé
d'être des patriotes, et n'étaient plus que des
outils dans la main d'un conquérant.

L'éclosion de la vie organique en France fut
accompagnée de la chute de son ancien gouvernement. En Italie et en Allemagne, au contraire, nous avons vu le roi diriger le mouvement
et accroître ainsi son pouvoir; et sans doute, si
Louis XVI avait été un chef énergique, il aurait
pu acquérir pour lui-même une grande partie de
la gloire et de la puissance de Napoléon. Mais le
trône tomba au moment où commençait la guerre:

la Révolution fut entraînée dans une autre courant, et cette circonstance donna un nouvel élan à la tendance vers la guerre. Nous avons vu l'Allemagne faire un grand effort sur elle-même, et s'arrêter de propos délibéré dans sa carrière victorieuse. Si elle a pu le faire, c'est en empêchant la domination du parti militaire. Le résultat contraire s'était produit en France, parce que le gouvernement étant tombé, ce fut le parti militaire lui-même qui fut appelé à en créer un autre. L'impérialisme s'établit, or c'est le gouvernement qui, par la loi de sa nature, est le plus disposé à la guerre et qui la conduit avec le plus d'efficacité. Nous n'avons pas oublié la brillante politique étrangère de Cromwell; le chef de l'impérialisme français donna à la France une politique étrangère beaucoup plus brillante encore que celle de Cromwell, parce que son armée était plus nombreuse et son autorité mieux obéie.

3° Les succès donnèrent de la force à la politique de la guerre. Cette politique était d'ailleurs en harmonie avec la tradition léguée par Louis XIV et Richelieu. Elle consola la nation des humiliations militaires des trente dernières années du règne des Bourbons. L'Europe comprit alors que les anciennes barrières élevées à

Utrecht contre les agressions françaises ne résis-
teraient pas même un instant aux assauts de la
nouvelle armée nationale. Alors aussi éclata la
prodigieuse supériorité militaire d'une *Nation-
État* organique, avec sa réserve inépuisable de
soldats patriotes, sur les États artificiels inorganiques comme l'Allemagne ou l'Italie. Même
en 1798, quand Napoléon fut inactif ou absent,
la France garda un sentiment de supériorité
triomphante sur toute l'Europe. Gouvernement
après gouvernement, la Suisse, les États du
pape, Naples, furent emportés par des attaques
audacieuses, n'ayant presque pour motif que
le pur caprice. Et ce qui donnait satisfaction
aux instincts ambitieux de la France semblait,
pour des motifs divers, également légitime à
tous les partis. Pour les révolutionnaires, la
conquête était la diffusion sur le monde de la
liberté et de la vérité; pour les politiciens de la
vieille école, c'était le renouvellement de la
politique de Louis XIV et l'abandon de la per-
nicieuse alliance autrichienne; les théoriciens,
épris de la tradition historique, applaudissaient
à la restauration de l'empire de Charlemagne
et à la reprise des anciennes limites de la Gaule,
ou bien, s'ils raisonnaient *a priori* et adoptaient
le culte de la nature, à l'exemple de Rousseau,

ils prétendaient qu'un État, fondé sur les vraies lois naturelles, devait avoir des frontières naturelles.

Cette puissante impulsion spontanée d'expansion, jaillissant dans l'État français du sentiment nouveau de sa vie organique, peut être blâmée ou critiquée à bien des points de vue, mais nous ne saurions nier qu'elle fut pleine de grandeur et de poésie : nous ne pouvons qu'admirer la généreuse ardeur, la puissante énergie et le dévouement qu'elle enfanta ; nous ne pouvons nous empêcher d'admettre que la série des guerres qui en sortirent est plus agréable à contempler que les luttes cyniques pour l'acquisition de territoires, qui remplissent les annales de la période antérieure. Si donc nous trouvons que Napoléon lui-même, malgré toutes les critiques, reste une grande et poétique figure, plus intéressante, plus capable d'exciter l'imagination que celle de tout autre général simplement heureux, ce charme doit s'expliquer par ce fait, qu'il présida avec une autorité incomparable et une indiscutable suprématie au grand éveil des nationalités. Mais en constatant ce fait, il ne faut pas faire usage des mots « liberté » et « libéralisme », ils appartiennent à un autre ordre d'idées. C'est dans la politique étrangère ou internationale que l'on reconnaît la grandeur de Napoléon; dans le gouvernement intérieur, il n'est qu'un empereur. c'est-à-dire un chef qui pratique l'art facile de gouverner un peuple à l'aide de l'armée.

L'histoire de l'Europe parlera de Napoléon dans les termes suivants : « A la fin du xviii⁰ siècle commença un mouvement par lequel les États du Continent, jusqu'alors inorganiques, devinrent des organismes vivants et conscients; ce changement se produisit d'abord en France, et donna aux Français un sentiment extraordinaire de leur puissance et un grand besoin d'expansion : comme cette transformation resta pour un temps particulière à la France, elle lui donna un immense avantage, au point de vue militaire, sur les autres États européens; le sentiment de cette supériorité la poussa aux grandes entreprises guerrières; et elle trouva un chef d'une énergie incomparable qui conduisit ces entreprises avec un succès prodigieux : Napoléon. Mais on fera remarquer aussi que cet avantage militaire de la France était essentiellement temporaire, et en quelque sorte accidentel. Si bien que les résultats immédiats de la vie de Napoléon ont déjà tous disparu. La France perdit bientôt tout ce qu'il avait conquis pour elle. et depuis elle a perdu plus encore en essayant de continuer la politique qu'il avait inaugurée. A ce point de vue, Napoléon diffère des grands personnages historiques auxquels nous pouvons être disposés à le comparer. Les œuvres d'Alexandre, de César, de Charlemagne, celle même de Pierre le Grand et de Frédéric, ont duré des siècles, en sorte que ces grands hommes sont considérés dans l'histoire comme des fondateurs et des créateurs; au contraire, l'œuvre de Napoléon a péri pendant le cours de sa propre existence, et tous les efforts que l'on a tentés pour faire de lui un héros digne de vénération et d'imitation ont ignominieusement échoué. »

CHAPITRE III

CE QU'ÉTAIT NAPOLÉON PAR LUI-MÊME.

En étudiant la manière dont les circonstances ont créé Napoléon, nous avons vu à quel degré de puissance il a pu parvenir rien qu'en exécutant avec une grande habileté militaire les idées des autres. La France révolutionnaire avait besoin d'un chef qui accomplît pour elle une des plus grandes tâches militaires qui se puisse concevoir. Napoléon s'éleva au faîte du pouvoir parce qu'il fit preuve d'une aptitude incomparable dans l'accomplissement de cette tâche.

Mais qu'était-il par lui-même? c'est-à-dire quelles étaient ses idées et ses vues personnelles?

Brumaire partage sa vie en deux périodes bien tranchées que nous pouvons distinguer en appelant, la première, période de Bonaparte, et la seconde, période de Napoléon. Pendant la première, il est général et serviteur de l'État; dans la seconde, il en est le maître et le souverain. C'est nécessairement dans cette seconde période que sa personnalité prend toute son importance, parce que, comme souverain, il dirige sa propre politique, et exécute ses propres desseins; au contraire, tant qu'il n'était qu'un simple général, la responsabilité principale retombait sur le Directoire. Même alors, il est vrai, il jouit d'une liberté plus grande qu'un général ordinaire, et en temps ordinaire. Mais quoiqu'il n'ait pas été un simple agent d'exécution dans le partage de l'empire vénitien ou dans l'expédition d'Égypte, du moins ce ne fut pas lui qui décida la guerre contre l'Autriche, cause de la chute de Venise, pas plus que la guerre contre l'Angleterre, qui amena l'expédition d'Égypte. Après Brumaire, au contraire, ou du moins après les traités de Lunéville et d'Amiens, tout ce que fait la France est un acte de Napoléon, et de Napoléon seul. Ce que fait la France, c'est lui qui le fait; et ce qu'il fait, c'est lui qui l'a conçu et décidé dans son esprit.

C'est donc dans cette seconde période que l'on peut le plus sûrement discerner ce qu'il était par lui-même.

§ 1. — Quel était son plan?

Nous ne pouvons nous contenter de l'opinion courante d'après laquelle, à peine devenu maître de la France, il céda à ses instincts militaires et se plongea dans des guerres de conquête.

Le fait réel est celui-ci : lorsque Bonaparte commença son règne, la guerre contre l'Angleterre durait, sans interruption, depuis 1793, et contre certaines puissances du Continent, presque sans interruption, depuis 1792; tandis que dès qu'il fut le maître, et aussitôt que la conclusion de la paix fut possible, le Continent fut tranquille pendant plus de quatre années, et l'interminable lutte entre la France et l'Angleterre cessa pendant un an. Alors même que commença la période de ses conquêtes illimitées, à partir de 1805, Napoléon ne fut pas aussi incessamment en guerre que le nombre de ses batailles et de ses victoires pourrait le faire supposer. Il ne fit de campagne ni en 1810, ni en 1811 et, pendant ces deux années, la paix régna sur tout le Continent, sauf dans la péninsule espagnole.

De fait, il ne fut pas le moins du monde plus agressif que la République de fructidor, et longtemps, il le fut même beaucoup moins. Pendant le Consulat, il eut la renommée de grand pacificateur, d'ami de la civilisation, et fut considéré comme seul capable de guérir les haines enfantées par le jacobinisme.

Devons-nous donc admettre simplement que l'amour de la guerre prit peu à peu le dessus ; qu'après avoir, pendant une ou deux années, donné satisfaction au parti anti-jacobin qui l'avait appelé au trône, il céda de nouveau à ses instincts guerriers ; et enfin, qu'après avoir calculé avec soin ses ressources et les avoir comparées à celles de l'Europe, il se convainquit de la possibilité de fonder un empire universel et prit le parti de poursuivre ce projet par la rupture de la paix d'Amiens en 1803? Certainement sa conduite et sa diplomatie, en 1803 et en 1804, sont celles d'un chef enivré du sentiment de la supériorité de ses forces, et désirant vivement la guerre. Néanmoins la théorie prétendant qu'il aurait à cette époque formé délibérement le propos de subjuguer l'Europe semble bien trop naïve pour expliquer suffisamment les faits. Dans cette hypothèse il n'aurait jamais procédé comme il le fit.

Quiconque considère l'histoire de l'Empire Napoléonien comme un tout est frappé d'une étrange particularité qui, si nous admettons que

cet empire a été fondé de dessin délibéré, prou-
verait que Napoléon a commis une incroyable
et fatale méprise. C'était évidemment son intérêt
d'abord de ne pas engager la lutte à la fois contre
l'Angleterre et contre les puissances continentales : puis d'attaquer celles-ci les premières en
désarmant l'Angleterre par une conduite conci-
liante, ou même d'obtenir son aide par des concessions effectives. Lorsque nous considérons la
vigueur triomphante avec laquelle il vainquit
l'Allemagne et la Russie entre 1805 et 1807, et
comment il réussit à tenir les puissances germaniques sous son autorité jusqu'en 1812, et quand
nous nous rappelons que, pendant toute cette
période, il faisait en outre la guerre à l'Angleterre, la question suivante se présente naturellement à notre esprit : que n'aurait-il pas fait si
seulement il était resté en paix avec l'Angleterre?
Sans l'Angleterre, la péninsule n'eût pas absorbé
ses ressources dans une proportion aussi fatale.
Sans l'Angleterre, la coalition vengeresse formée
en 1813 aurait manqué à la fois d'argent et de
crédit, c'est-à-dire du ciment qui maintint l'union
de ses éléments. Et une seconde question s'élève
immédiatement : dans quel but a-t-il continué
incessamment contre l'Angleterre cette guerre
« nullos habitura triumphos »? Dans cette lutte

il ne pouvait obtenir et il n'obtint jamais de victoires; après 1805, ce ne fut plus qu'un blocus monotone maintenu par l'Angleterre, jusqu'au moment où elle put prendre l'offensive dans la péninsule; mais du côté de la France, il n'y avait pas d'offensive possible. Cette question posée, nous remarquons aussitôt un autre fait de première importance, c'est que la guerre contre l'Angleterre commença dès 1803, quoique la paix n'eût été signée que l'année précédente, et qu'elle éclata avec les marques d'une irritation violente de la part de Bonaparte, tandis que la guerre contre les puissances du Continent subit encore un délai de deux années, et que ce fut, selon toute apparence, une guerre imposée non par Bonaparte, mais par les puissances continentales elles-mêmes. Il ne fit prendre à ses armées la direction de l'Allemagne que quand il fut convaincu de l'impossibilité d'envahir l'Angleterre, et alors même il ne marcha contre ces nouveaux adversaires que pour repousser une invasion imminente.

Il est donc évident que lorsqu'il rompit la paix d'Amiens, en 1803, il ne pouvait avoir en vue un empire continental semblable à celui qu'il fonda. Il songeait à une entreprise non moins grande, mais bien différente; c'était la conquête et la soumission de l'Empire Britannique. Il ne supposait pas qu'il dût échouer dans son projet d'invasion de l'Angleterre, et y substituer tout à coup une invasion de l'Allemagne; il comptait sur le succès de son premier plan.

Mais il s'était rendu compte, dès le début, de l'extrême difficulté de l'invasion. En conséquence, comme nous l'apprend une note de M. de Talleyrand écrite un peu avant la rupture de 1803, Napoléon tenait un second plan en réserve. « L'Angleterre », écrivait Talleyrand, « peut forcer la France à conquérir l'Europe ». C'est une coutume caractéristique de Napoléon, pendant toute sa carrière, d'établir toujours à la fois deux plans dans son esprit, et d'être prêt à tout instant, si le premier échoue, à se rejeter sur le second. « Je prépare toujours », dit-il, « deux solutions à mon problème ».

Il est donc certain que l'empire de Napoléon, tel qu'il fut constitué entre 1805 et 1807, n'était pas une œuvre accomplie de propos délibéré par Napoléon. Ce n'était qu'un *pis aller*. Son plan primitif était de combattre l'Angleterre isolée et de l'anéantir. La chute de l'Empire Britannique devait s'accomplir dans les années 1803 et 1804. Tel était le but qu'il s'était proposé.

Ce plan échoua. La puissance navale de l'Angleterre se trouva trop considérable, et Pitt, rappelé aux affaires, fit naître une nouvelle coalition. Alors Napoléon mit à exécution son plan de rechange. Au lieu de subjuguer directement l'Angleterre, il subjuguerait le Continent et, par ce moyen, l'Angleterre. Ainsi que Talleyrand l'avait prévu, la première partie de ce second plan s'exécuta sans difficulté. Il subjugua le Continent, et il réunit toutes ses forces contre l'Angleterre. L'entreprise était colossale, et le duel entre l'Europe coalisée et l'immense empire d'Angleterre offrit un incomparable spectacle. Mais Napoléon rencontra des difficultés qu'il n'avait qu'imparfaitement prévues. La coalition, réunie et maintenue par la force, ne fut qu'à demi efficace ; quand il demanda aux coalisés de se priver de marchandises anglaises, ils se mutinèrent ; on s'aperçut peu à peu que l'idée de vaincre l'Angleterre par le moyen d'une confédération européenne n'était qu'une chimère éblouissante, comme l'avait été la conception antérieure, née dans le même esprit, d'effectuer une révolution en Orient par la fusion du mahométisme avec le déisme français.

Ainsi envisagé, Napoléon ne nous apparaît plus simplement comme un souverain ambitieux et visant l'empire universel ; on se rend compte qu'il avait un but plus nettement défini : ce but était la défaite de l'Angleterre. Ce que nous appelons l'empire universel de Napoléon n'était qu'un moyen pour atteindre ce but.

Il ne voit qu'un ennemi, l'Angleterre ; il attaque l'Angleterre isolée, mais elle appelle le Continent à son aide. Il soumet le Continent et en tourne toutes les forces contre l'Angleterre. Ainsi, après Tilsitt, il n'a encore qu'un seul ennemi, l'Angleterre. Mais sa gigantesque entreprise exige des moyens gigantesques.

Comme son adversaire est une puissance coloniale et maritime, il trouve nécessaire de soumettre à son autorité tous les États maritimes de l'Europe. Il se saisit donc de l'Espagne et du Portugal, ce qui lui procure des vaisseaux et des colonies ; c'est aussi pour ce motif qu'il annexe la Hollande et les villes hanséatiques. Mais tant de violence provoque la révolte. En 1809, il parvient à comprimer le soulèvement de l'Allemagne ; mais un peu plus tard, le czar lui-même se met à la tête de l'insurrection européenne. La rébellion du czar ne pouvait être réprimée que par un prodigieux effort, et c'est en faisant cet effort que Napoléon succomba.

Le point à prendre spécialement en considération est que, dans cette guerre de Russie, comme dans toutes les annexions violentes qui marquent chacune des années depuis le traité de Tilsitt, le motif d'hostilité ouvertement déclaré est toujours le système commercial et la lutte contre l'Angleterre. Ce qu'on appelle l'empire universel de Napoléon serait en réalité plus justement nommé la coalition universelle contre l'Angleterre. Le territoire réellement soumis au gouvernement de Napoléon et de sa famille ne fut jamais, à beaucoup près, équivalent à un empire universel; la Prusse, l'Autriche et la Russie restèrent toujours en dehors de cet empire; mais la coalition contre l'Angleterre engloba aussi ces puissances, et même, en un certain sens, les États-Unis.

§ 2. — Origine du plan.

Ainsi considéré, le plan de Napoléon, quoique, comme l'événement le prouva, irréalisable, paraît du moins intelligible; il est seulement rendu défectueux par l'extravagance et l'exagération auxquelles tout plan napoléonien ne saurait naturellement échapper. Mais ce point de vue suggère la question suivante : pourquoi Napoléon s'acharna-t-il ainsi à conspirer la ruine de l'Empire Britannique? La réponse est simple et naturelle, mais prouve peut-être que les résolutions de l'esprit de Napoléon étaient déterminées par des motifs plus semblables à ceux d'un homme d'État vulgaire que nous ne serions disposés à le croire.

A la fin de 1797, lors de son retour d'Italie, il avait été nommé, comme nous l'avons vu, général de l'armée d'Angleterre. On pensa d'abord qu'il envahirait l'Angleterre en 1798; mais, après un examen réfléchi, il rejeta le plan d'envahissement, et y substitua celui de l'invasion de l'Égypte. Ostensiblement cette entreprise avait pour objectif l'Angleterre, et c'était bien réellement en partie, mais seulement en partie, contre elle qu'elle était dirigée; mais l'Angleterre la combattit avec une vigueur qu'elle a rarement déployée. On a toujours rendu justice à l'héroïsme de Nelson, mais l'extrême grandeur de son œuvre semble avoir été généralement méconnue. A Aboukir, il rendit, pour ainsi dire, l'empire de la Méditerranée à l'Angleterre. Il dissipa d'un seul coup tous les rêves de colonisation et de conquètes orientales qu'avait formés Napoléon. Bientôt après, il brisa la neutralité armée. Abercrombie acheva l'œuvre de Nelson en Égypte, et il ne resta réellement à la France d'autre parti que de conclure la paix. Comme le dit Ranke, « l'homme du siècle avait complètement échoué... Le Premier Consul ne pouvait plus que reconnaître la supériorité maritime de l'Angleterre ». Au faîte de la grandeur, la France avait subi, par les efforts de sa rivale, une défaite navale accablante.

Il n'est pas assurément besoin d'expliquer plus longuement l'hostilité persistante dont Napoléon poursuivit dès lors la Grande-Bretagne. Non seulement le maître tout-puissant de la France avait été vaincu et forcé d'abandonner l'Égypte, mais bientôt après la conclusion du traité de paix, il comprit que l'Angleterre garderait probablement Malte. C'était trop pour lui de voir son entreprise favorite se terminer non seulement par un résultat nul, mais par l'abandon aux mains de l'ennemi d'une des plus fortes positions du monde. La rupture de la paix d'Amiens ne fut pas, autant qu'on le pense, le commencement réfléchi d'une nouvelle ère pour Napoléon. Ce ne fut que la déclaration du renouvellement d'une guerre qui n'avait jamais cessé en réalité; la rétractation au dernier moment, d'une mesure que Napoléon trouvait en somme intolérable. Et la guerre une fois reprise, il n'était pas probable qu'il consentît jamais à y mettre fin sans un succès. Cependant il vit échouer, en 1803 et 1804, tous ses plans maritimes. En 1805, l'Angleterre souleva contre lui une coalition européenne, et il se trouva lancé dans la croisade formidable que nous avons racontée, la tentative de subjuguer l'Europe pour venir à bout de l'Angleterre.

On voit donc que Napoléon ne forma pas le plan délibéré de l'empire universel, et que, tout d'abord, il ne fit que suivre la politique étrangère des gouvernements qui l'avaient précédé. Il fit la guerre à l'Angleterre simplement parce que ces gouvernements la faisaient depuis 1793; il s'acharna à cette guerre d'abord avec une persistance passionnée, qu'il poussa plus tard jusqu'à la frénésie, parce qu'il ne réussissait pas à vaincre cet ennemi comme il avait vaincu les autres; parce qu'il avait à venger des défaites navales; parce qu'il trouvait intolérable, et même imprudent, de rester sur un échec. Mais comme ses ressources militaires étaient aussi illimitées que ses ressources navales étaient insuffisantes, et comme la nouvelle coalition lui présentait une occasion d'atteindre l'Angleterre en frappant l'Autriche et la Russie, il convertit peu à peu la guerre contre l'Angleterre en une guerre contre les alliés de celle-ci, et se consola de ne pouvoir entrer à Londres en entrant à Vienne, à Berlin et à Moscou. Dans toute cette épopée, il n'y eut rien de réellement nouveau que la grandeur imposante des opérations militaires.

Si nous essayons de retracer la politique étrangère de la France depuis le commencement du XVIIIe siècle, nous trouvons tout d'abord une rivalité navale et coloniale avec l'Angleterre qui devient de plus en plus intense ; en second lieu, une disposition constante à intervenir et à jouer le rôle de pouvoir dominateur en Allemagne ; troisièmement, une tendance à perdre les deux parties (sur terre et sur mer) en essayant de les jouer toutes les deux à la fois. La guerre que Napoléon recommença en 1803 était la cinquième qu'entreprenait la France contre l'Angleterre depuis soixante ans. Une génération auparavant, Frédéric le Grand avait parlé avec impatience de l'interminable querelle entre ces deux puissances qui ne laissait aucun repos à l'Europe. Aussi bien dans la guerre de la succession d'Autriche que dans la guerre de Sept ans, cette rivalité se mêla et se confondit avec d'autres querelles que la France entama pour son compte en Allemagne. Cette complication avait toujours été très funeste pour la France.

et Chatham en profita, comme il le dit lui-même,
« pour conquérir le Canada en Allemagne ».
Néanmoins, la première mesure que prit la Convention fut de renouveler l'ancienne erreur, en
déclarant la guerre à l'Angleterre au moment
même où la République Française était engagée
dans une lutte mortelle contre les puissances
continentales. Si Napoléon eût été doué, comme
on le suppose ordinairement, d'un esprit assez
supérieur pour dominer la situation politique de
la France, et s'il avait songé à inaugurer une
politique personnelle, il aurait probablement
commencé par corriger cette erreur, soit en faisant la paix avec l'Angleterre, soit en s'efforçant
de se concilier les puissances continentales pendant qu'il continuerait la guerre contre ce premier
adversaire. Mais, comme beaucoup d'hommes
d'État, il était le prisonnier du passé, et il finit
par succomber sous les erreurs de la fausse
politique que lui avait léguée le xviiie siècle, et
qu'il continua en l'exagérant. Il adopte les méthodes surannées du xviiie siècle, la neutralité
armée et l'occupation du Hanovre ; en plaçant
un de ses frères sur le trône d'Espagne, il renou-
velle le pacte de famille. Sa puissance exceptionnelle lui permet il est vrai de dépasser le
xviiie siècle et de former contre celle qu'il appelle

« le tyran des mers » une coalition plus forte que la confédération formée par l'Angleterre contre la domination de Louis XIV. Mais c'est par la force qu'est créée cette coalition, et la tyrannie qu'il exerce est plus pesante que celle qu'il veut combattre. En conséquence, au moment décisif, ses alliés passent du côté de l'Angleterre et, une fois de plus, la France se trouve avoir dépassé la limite de ses forces en poursuivant à la fois une guerre contre l'Angleterre et une guerre contre le Continent.

§ 3. — Exécution du plan.

On voit donc que l'œuvre spéciale et personnelle de Napoléon est cette entreprise colossale de soumettre l'Europe pour subjuguer l'Angleterre. Un autre général, Moreau, par exemple, s'il eût été élevé au pouvoir suprême en Brumaire, se serait également trouvé engagé dans une guerre contre l'Angleterre, aurait rencontré les mêmes difficultés et éprouvé la même répugnance à abandonner Malte, et se serait peut-être senti poussé à rompre la paix d'Amiens. Mais ses idées et ses résolutions auraient été moins extrêmes ; il aurait supporté plus patiemment son échec. Une fois convaincu de la supériorité navale de l'Angleterre, il aurait conclu la paix avec elle, et se serait contenté de miner peu à peu son pouvoir. Mais pour Napoléon, cette modération n'est pas acceptable ; il pousse la guerre contre les alliés de l'Angleterre comme s'il avait pour but la conquête du Continent. Pourtant sa puissance ne s'accrut guère après 1803 ; son ascendant était alors presque également illimité en Italie, en Espagne et en Allemagne, et cette autorité, sagement ménagée, aurait pu devenir beaucoup plus grande encore. Il ne fit qu'y substituer une tyrannie odieuse, qui ne pouvait être maintenue qu'à l'aide d'un effort incessant et d'une bonne fortune ininterrompue. Un Moreau, tel que nous le connaissons, aurait pu devenir plus puissant encore que Napoléon. Se trouvant en présence d'une nouvelle coalition, il aurait compris que sa politique échouait puisqu'elle ramenait aux guerres sauvages d'avant Brumaire. Lui aussi aurait probablement obtenu des succès importants contre les puissances germaniques, mais il ne se serait pas laissé entraîner à courir les hasards de la campagne d'Austerlitz. L'idée de conquérir l'Europe pour soumettre l'Angleterre, lui aurait paru une folie ; il l'aurait déclarée, d'une exécution impossible, ou l'aurait, plus jus-

tement, considérée comme une aventure téméraire. La France n'aurait donc eu à se glorifier
ni d'Austerlitz, ni d'Iéna. ni de Friedland: son
maître n'aurait ni distribué des royaumes à ses
frères, ni épousé une archiduchesse; mais il
aurait pu, sans grande difficulté. rester pendant
de nombreuses années le souverain incomparablement le plus glorieux de l'Europe. et
sans faire positivement une entrée victorieuse
à Vienne. il aurait pu assujettir entièrement
l'Autriche à son autorité impériale. et réunir
autour de lui les petits États allemands en une
Confédération du Rhin.

Pour la personnalité du chef, une telle carrière aurait eu suffisamment d'éclat. Si ce chef
eût été Moreau. il aurait peut-être imité Washington. et transmis la présidence à un successeur. après une période déterminée. Mais si
nous lui supposons moins de désintéressement,
il aurait pu, comme Napoléon, établir une souveraineté héréditaire. En même temps que le
jacobinisme. la France aurait pu abandonner
tout ce qui était l'œuvre de la seconde révolution. et revenir à la monarchie libérale de 1791,
en corrigeant seulement la grave erreur commise par cette constitution, qui donnait trop peu
d'autorité au pouvoir exécutif. L'Europe eût

été disposée à vivre en paix avec une telle monarchie. Cette forme de gouvernement aurait satisfait la France où la royauté avait des racines trop profondes pour qu'elles eussent pu être arrachées en quelques années de régime républicain. Les Bourbons auraient été oubliés : le parti monarchique français se serait rallié à la nouvelle dynastie et, préservé de ce double schisme qui l'a ruiné plus tard, il aurait peut-être continué jusqu'à ce jour à former la grande majorité de la nation. Le territoire français comprendrait encore au moins la Belgique, la rive gauche du Rhin, la Savoie et Nice.

On voit donc avec précision comment l'histoire a été modifiée par le caractère exceptionnel de Napoléon. Il ne voulut pas de la paix avec l'Angleterre, et néanmoins il ne prit pas le parti de concentrer ses forces contre elle en se conciliant sagement les puissances continentales ; il n'essaya pas de former, à l'aide de sa diplomatie, une coalition contre l'Empire Britannique, mais il entreprit de forcer par les armes le Continent à entrer dans cette coalition. Il avait pourtant montré lui-même, en 1800, la possibilité de renouveler la « neutralité armée », par une simple négociation ; et, en 1804 et 1805, il ne lui aurait pas été difficile, en agissant avec une certaine modération. d'éviter au moins la troisième coalition.

Évidemment, il n'est pas d'instrument politique moins sûr qu'une confédération formée et maintenue par la force. La défection d'abord de l'Espagne. puis de la Prusse. puis encore de l'Autriche, ne peut causer aucune surprise. Selon toute apparence il eût été possible à Napoléon. en 1803. de créer une coalition volontaire, libre. qui aurait réduit l'Angleterre à une extrême détresse sans mettre en danger le pouvoir de Napoléon. Mais, non seulement dès le début, mais à toutes les époques de sa carrière, il semble préférer, de propos délibéré. les alliances forcées. résultat de la guerre, à toute libre combinaison d'intérêts. Il avait la Prusse pour alliée, il préféra l'avoir pour sujette ; l'Espagne le suivait avec enthousiasme, il préféra la piller et l'humilier ; enfin il rompit son alliance avec la Russie pour aller résolument la recouvrer à la tête de 600,000 hommes.

§ 4. — Réussit-il ?

« Meilleur pour une bataille que pour une guerre », c'est le jugement que porte Tite-Live sur Annibal. Mais les regards des peuples ne s'attachent qu'aux batailles, et semblent incapables d'embrasser une guerre tout entière, et plus encore d'envisager un vaste ensemble politique dont une guerre même peut n'être qu'un épisode. C'est ce qui a fait accepter Napoléon comme une sorte d'incarnation du succès. De quelque manière que nous concevions le succès, Napoléon ne réussit pas à l'atteindre, et si les César et les Alexandre peuvent être appelés les dieux de l'histoire, Napoléon en est le Titan. Si nous ne lui supposons qu'une ambition égoïste, il aurait réussi en établissant sa dynastie en France. Tous ceux qui le virent vers 1802 admettent qu'il lui était facile de saisir la couronne, s'il daignait seulement se courber pour la ramasser. Il se courba en effet et la ramassa, mais il la laissa bientôt glisser de ses mains. Tout favorisait son ambition : l'esprit profondément monarchique du pays, l'échec absolu des jacobins d'une part, et des Bourbons de l'autre, et ses propres triomphes militaires qui, dès 1802, le mirent hors de pair dans l'histoire moderne. Le succès avec lequel, une génération plus tard, son neveu tira profit de son nom seulement, peut faire apprécier l'énormité des fautes qu'il commit, et qui amenèrent sa ruine et celle de son fils.

Mais admettons qu'il avait des aspirations plus hautes, et qu'il pensait à la grandeur et au bonheur de la France. Quel a été pour la France le résultat de l'œuvre spécialement napoléonienne, la tentative de soumettre l'Angleterre en subjuguant l'Europe? De même qu'aux yeux du grand nombre, les succès éclatants qu'obtinrent ses premiers efforts, semblent cacher l'échec total qu'éprouva finalement l'entreprise, de même aussi ces succès éblouissants nous aveuglent sur l'irrémédiable désastre que cette tentative a appelé sur la France. On a beaucoup parlé, il est vrai, de l'énorme perte d'existences subie du fait de la guerre, et les statistiques des campagnes de 1812, 1813, 1814 et 1815, donnent des chiffres effrayants. Mais ce sang a été répandu par des nationalités diverses. Ce qui est propre à la France, c'est la perte de territoire. Et ce ne sont pas seulement les conquêtes faites par Napoléon qui furent perdues. On peut fort bien admettre que la France ne perdit réellement rien par la dissolution de la Confédération du Rhin, pas plus que par l'expulsion de ses armées de l'Espagne et de l'Italie, et que la chute de l'empire napoléonien ne fut pour elle que la disparition d'une excroissance malsaine. Mais ses pertes furent bien plus grandes : on lui arracha non seulement les conquêtes de Napoléon, mais celles de la Révolution, bien autrement précieuses pour elle. La France possédait la Belgique depuis vingt ans, et la rive gauche du Rhin depuis un temps à peu près égal. Aucune des acquisitions faites par elle, même sous les Bourbons, ne semblait plus solide et plus assurée. Ces provinces avaient coûté bien cher à la France, et leur perte avait été ressentie par l'Allemagne comme une blessure presque incurable. Mais le transfert était effectué, et la lutte terminée; le système européen s'était adapté à ce changement. D'autres questions s'étaient élevées depuis. Pendant une longue période après le traité de Lunéville, il ne parut pas probable que le résultat des guerres de la Révolution pût être annulé et que la France pût jamais être contrainte à rentrer dans ses anciennes limites.

Pour un Moreau ou un Bernadotte, c'eut été probablement une tâche aisée que de défendre ces acquisitions, car il n'y avait ni mécontentement, ni patriotisme outragé et indigné chez les populations annexées; et comment l'Europe aurait-elle pu, sans provocation, les arracher par la force à une puissance telle que la France? Napoléon trouva moyen de les perdre.

Quand on donne à Napoléon le titre de « grand conquérant », se rend-on bien compte que non seulement il a perdu toutes ses conquêtes, mais qu'il a laissé le territoire français moins étendu qu'il ne l'avait trouvé à son avènement? La Belgique n'avait pas été conquise par lui; la rive gauche du Rhin était une acquisition dont la France devait être reconnaissante à plusieurs autres de ses généraux tout autant qu'à lui-même, et ce splendide territoire, qui semblait incorporé à la France aussi sûrement que la Bourgogne, fut perdu par Napoléon.

Le titre de « Mehrer des Reichs », augmentateur du royaume, a été mérité par plusieurs souverains français. Henri II acquit les trois évêchés; l'Alsace et la Franche-Comté sont les trophées de Louis XIV; la Lorraine et la Corse ceux de Louis XV. La lutte par laquelle la première République mérita le même titre, et dont la Belgique et la rive gauche du Rhin furent les résultats, avait été plus grandiose que toutes les précédentes. Quel est le trophée laissé par Napoléon? Seul de tous les chefs modernes de la France, il lui a infligé une perte de territoire considérable et irréparable.

Et pourtant non, il n'est pas le seul, car, depuis, la France a perdu l'Alsace et la Lorraine;

mais c'est encore au nom de Napoléon qu'elles
lui ont été arrachées et par un funeste retour à
son système.

§ 5. — Dans quelles limites son influence a-t-elle été utile ?

Les résultats utiles attribuables à Napoléon
peuvent se diviser en deux catégories principales : 1° ceux qui proviennent non pas de lui,
mais de la résistance qui lui a été opposée;
2° ceux qui viennent réellement de lui comme
fils de son époque et représentant de la Révolution.

1° On dit : N'a-t-il pas apporté une influence
de renouveau et de régénération partout où il a
paru à la tête de ses armées? Plusieurs États
européens ne datent-ils pas d'une invasion napoléonienne leur ère moderne de progrès et de
régénération? Cela est vrai au moins de la Prusse,
de la Russie et de l'Espagne; mais dans quel
sens est-ce vrai? Dans le même sens que la
grandeur de l'ancienne Grèce peut être attribuée à l'invasion de Xerxès. Un danger imminent, nécessitant une réconciliation universelle
des partis pour sauver la patrie, est l'événement
le plus utile pour un État, si la victoire vient
récompenser l'effort. En Prusse, la réforme,

commencée par Stein et Scharnhorst, et la guerre d'indépendance qui suivit; en Russie et en Espagne, la résistance héroïque, produisirent sur ces pays une influence régénératrice que rien n'avait pu exercer jusque-là. Mais, de même que les Grecs ne firent pas honneur à Xerxès de la grande impulsion qu'ils reçurent par suite des efforts qu'ils firent pour le vaincre, de même on doit considérer que ce n'est pas Napoléon, mais la résistance faite à Napoléon, qui donna à l'Europe un élan si puissant. Eut-il jamais l'intention de ranimer l'esprit national? Il est extrêmement difficile de dire quel était le fond de sa pensée. Peut-être croyait-il que sa tyrannie militaire ne serait pas longtemps nécessaire et qu'elle cesserait naturellement quand l'Angleterre serait définitivement vaincue. Mais certainement il n'eut jamais l'intention de faire naître en Allemagne et en Italie un sentiment de nationalité consciente conduisant à l'unité politique et à la liberté; encore moins voulut-il soulever en Espagne cette rébellion qui fut fatale à son empire. Dans ces divers cas, c'est le résultat contraire qu'il cherchait, comme nous le prouvent la vive impulsion qu'il imprima au despotisme dans les États de l'Allemagne, et les efforts qu'il fit pour que son expédition de

Russie n'amenât pas le rétablissement de la Pologne. S'il avait réussi, c'est-à-dire si l'influence anglaise avait été détruite et les libertés anglaises anéanties, si la Prusse avait été réduite à un simple électorat, et le Piémont à n'être plus qu'une province française; et si le système de l'impérialisme français s'était consolidé en Allemagne, en Italie et en Espagne, tous les mouvements qui depuis ont donné la vie et l'animation à l'histoire de ce siècle auraient été étouffés d'avance. L'influence directe de Napoléon lui-même ne tendait qu'au développement d'un impérialisme ruineux et ne pouvait avoir d'effet utile que dans des pays arriérés comme l'Espagne et l'Italie; l'influence régénératrice de cet âge est l'esprit de résistance à Napoléon. Ce fut la grande Révolution anti-napoléonienne de l'Europe qui, en armant les peuples contre sa tyrannie, posa les fondements de la liberté européenne.

2° Il est vrai cependant qu'il se déclarait, d'une manière un peu vague, le défenseur des principes libéraux de la première Révolution, c'est-à-dire de l'égalité civile, de la tolérance religieuse et d'une législation éclairée. Et il n'est pas impossible de montrer que des réformes libérales de cette nature furent introduites par son gouvernement dans les provinces rhénanes, en Westphalie et en Italie. Naturellement l'expansion française qui suivit la Révolution eut de nombreuses conséquences heureuses de cette nature. Mais cette expansion ne fut pas son œuvre propre. Elle avait commencé avant lui : elle se serait étendue presque aussi loin sans lui. Si Moreau avait régné au lieu de Bonaparte, une influence semblable se serait répandue de la France libérale dans les États voisins ; elle se serait étendue d'une manière plus constante, plus uniforme, et n'aurait pas été suivie d'une pareille réaction. Ces réformes libérales ne sont pas, au fond, napoléoniennes dans leur essence ; elles sont l'œuvre du mouvement qui l'entraînait, et non pas celle du mouvement dont il fut lui-même l'initiateur.

La même remarque s'applique aux réformes intérieures. Quand il ne fit que ce que Moreau ou Bernadotte auraient fait à sa place, son œuvre fut bonne en elle-même, et il la conduisit avec une remarquable énergie. Ainsi ce fut son lot, maître comme il l'était du premier gouvernement fort que l'on eût vu depuis la destruction de l'ancienne France, de fonder tout un système d'institutions nationales, armée, église, université, banque, gouvernements locaux, code ; la

France moderne date du Consulat. Et on pourrait montrer que l'esprit de Napoléon a laissé son empreinte sur plusieurs points du nouveau système, et même qu'un chef moins énergique n'aurait pu donner une satisfaction aussi complète aux nécessités sociales de l'époque. Mais il n'en est pas moins vrai que l'œuvre a été principalement élaborée par des comités de spécialistes, et qu'elle a été élaborée à ce moment et non à un autre, non pas parce que Napoléon était un homme particulièrement doué, mais parce que le pays se trouvait enfin en paix, et manquait presque absolument d'institutions. Un Moreau n'aurait peut-être pas fait autant, mais son œuvre eût été analogue, et il est aisé de comprendre qu'en raison de son désintéressement, il aurait pu éviter d'importantes erreurs législatives que le violent désir du pouvoir fit commettre à Napoléon.

La même remarque peut s'étendre à la grande œuvre de discipline dont on lui attribue souvent tout l'honneur. On dit que sa ferme volonté, sa vigilance, son infatigable énergie, appliquées pendant des années à chacun des départements de l'administration générale, ont donné aux services publics une impulsion, et aux fonctionnaires un sentiment de discipline qui, se développant par la suite en une tradition de travail consciencieux, ont toujours été depuis la sauvegarde de l'État français. Il y a sans aucun doute un grand contraste entre la sévère et martiale énergie de la génération napoléonienne, et la mollesse efféminée de l'époque de la Pompadour. Mais ici encore la réforme était commencée et même fort avancée quand parut Napoléon. Elle avait été inaugurée par la Convention. Marceau, Kléber, Hoche, dans l'armée. Carnot dans le gouvernement, avaient donné de grands exemples que l'impérialisme organisé ne pouvait s'empêcher d'imiter; et tout ce que fit Bonaparte dans cette direction aurait été effectué par un Moreau. avec moins d'énergie sans doute, mais avec plus de désintéressement.

§ 6. — Napoléon jugé d'après son plan.

Quand nous comparons la manière de penser de Napoléon avec celle des autres potentats de même ordre. même les plus ambitieux, il nous semble apercevoir une différence. Louis XIV et Frédéric sont regardés comme des ambitieux, mais ils ne l'étaient pas dans le même sens que Napoléon. Leurs actes étaient peu scrupuleux et arbitraires, mais en général ils s'efforcèrent

d'acquérir des territoires réellement utiles ou
paraissant même indispensables à leur pays.
Ainsi, par le partage de la Pologne, Frédéric
tira rapidement la Prusse d'une position extrêmement difficile, et lui donna une province qui
semblait presque indispensable à la sécurité du
royaume. Louis XIV aussi eut presque toujours
en vue un avantage national important. Fortifier le côté le plus faible de la France, achever
l'incorporation de l'Alsace, conquise pendant sa
minorité, c'étaient là des objectifs si importants
que beaucoup de ses agressions, nous pouvons
l'admettre, lui semblèrent légitimées par la nécessité de la défense nationale. L'impatience
fiévreuse avec laquelle l'empereur Joseph poussa
ses projets violents d'annexions doit certainement trouver son explication dans l'extrême
défaut de cohésion, la disjonction dangereuse,
où il trouva le territoire de l'empire autrichien.
Napoléon, en adoptant les maximes dénuées de
scrupules de l'école des hommes d'État du
xviiie siècle, les appliqua non seulement dans
des proportions qui auraient épouvanté les plus
cyniques d'entre eux, mais encore dans des cas
auxquels ils n'avaient pas songé. Ils alléguaient
les besoins de la défense et les nécessités nationales pour justifier leurs annexions. Ces motifs

n'étaient pas suffisants, mais en général, ils étaient sincères. Ces mêmes motifs de nécessité et de défense pouvaient être présentés pour excuser le mépris de toute loi de la part du gouvernement français pendant les premières années de la guerre de la Révolution. La patrie fut un instant dans un danger extrême; en outre, les révolutionnaires croyaient sincèrement que l'humanité tout entière était intéressée à leur succès. Nous pouvons étendre à Napoléon lui-même, tant qu'il ne fut que Bonaparte, le bénéfice de cette justification.

Mais elle devient inadmissible pour les guerres de la période proprement napoléonienne, c'est-à-dire pour les guerres postérieures à 1803. Alors la France n'était plus en danger et ne pouvait plus alléguer les nécessités de la défense nationale. Son territoire s'était considérablement accru et était compact. Aussi, en continuant à pratiquer la doctrine de Frédéric et de Joseph, Napoléon l'applique à un état de choses auquel elle n'avait jamais été destinée. Son langage fut moins cynique que celui de Frédéric, parce qu'il était moins franc, mais sa conduite fut bien plus immorale. C'est sincèrement pour l'État que Frédéric est ambitieux; c'est pour l'État qu'il commet des actes de mauvaise foi, et ce sont des avantages solides, réels, indiscutables qu'il recherche pour l'État. Mais pour un pays comme la France, arrivé au faîte de la prospérité et de la grandeur, adopter dans une guerre maritime et coloniale ordinaire contre l'Angleterre les maximes désespérées à l'aide desquelles Frédéric et Joseph avaient cherché à fonder des États solides et faciles à défendre au milieu de la confusion germanique, ce n'était pas suivre un mauvais précédent, c'était convertir un précédent funeste en quelque chose d'infiniment pire. Ce qu'il y avait de formidable et d'unique dans la politique de Napoléon c'est que, tout en dépassant de beaucoup celle de Frédéric en cynisme et en gaspillage d'existences humaines, elle n'avait aucun objectif défini; car qui pouvait dire quelle forme l'Europe aurait prise, et comment elle eût été gouvernée, après le renversement absolu de la tyrannie maritime de l'Angleterre?

En outre, tandis qu'il exagère dans la pratique la perversité des maximes du passé, il ne montre aucune sympathie pour les maximes équitables que son époque leur substituait. Le machiavélisme du xviiie siècle marquait la fin de l'ancien système. Quel système meilleur allait surgir? Frédéric et Joseph ne pouvaient guère le savoir, mais Napoléon aurait pu le connaître. C'est à sa situation de chef d'une nationalité vivante qu'il devait sa gloire sans rivale; mieux que tout homme de son temps il aurait pu prévoir que le xixe siècle rendrait « organiques » l'Allemagne, la Russie, l'Italie, l'Espagne, comme la France l'était devenue par l'effet de sa révolution. Ce développement créerait un nouveau système européen dans lequel, sans doute, la guerre conserverait une place, et les armées deviendraient plus considérables que jamais, mais qui serait bien plus noble que le système *familial* du xviie siècle, ou l'anarchie internationale du xviiie. Je l'ai déjà dit, Napoléon n'a pas été le premier à pratiquer le mépris de toute loi, il n'a fait que refléter l'état moral de son époque; malheureusement il n'en refléta que la partie la plus condamnable, et se montra réfractaire à la meilleure. Il s'était assimilé tout ce que Frédéric pouvait enseigner, mais les maximes généreuses de la première révolution française n'avaient produit sur lui aucune impression. Pourtant Rousseau avait dit, en parlant de la Corse qui était pour lui ce que la Grèce fut plus tard pour Byron : « J'ai comme un pressentiment que cette petite île étonnera un jour le monde », et Bonaparte, pupille de Paoli, fils de cette Corse tant admirée, aurait dû ressentir, mieux que nul autre de ses contemporains, tous les sentiments qu'exprime le mot de nationalité. C'était là ce que l'on attendait de lui : le type primitif de l'héroïsme fondé sur le dévouement à la patrie semblait en effet personnifié par ce soldat corse à la figure classique. C'est donc par un trait de caractère tout à fait personnel qu'il désappointe à la fois toutes les espérances. De même qu'en Corse il s'est tourné contre Paoli, en Europe il repousse le principe des nationalités. Il lui fait incessamment la guerre, si bien qu'il finit par s'identifier complètement avec cette tyrannie contre laquelle combattirent « les hommes de Plutarque ». C'est comme si Guillaume Tell lui-même se transformait en Gessler, ou Léonidas en Xerxès. Et jamais tyran héréditaire, combattant l'indépendance nationale par simple ignorance absolue de sa nature, n'a été plus cruel et plus impitoyable que ce tyran élevé dans une atmosphère d'idées de nationalité. L'oppresseur du Tyrol et de l'Espagne est le même homme qui, vingt ans auparavant, avait écrit les *Lettres sur la Corse*.

Mais évidemment tout devait céder à la nécessité supérieure de mettre fin à la tyrannie maritime de l'Angleterre. Nous pouvons comprendre la frénésie du maître qui, ne rencontrant aucune résistance ailleurs, se trouve constamment arrêté dans la direction que, dès le début, il avait résolu de suivre. L'Allemagne. l'Espagne, la Russie reçurent le contre-coup de cette force impatiente qui ne pouvait trouver d'issue par Brest et Rochefort. Puis, à mesure qu'il s'habitua davantage. d'année en année, à la guerre faite sur une grande échelle, cette guerre devint en elle-même le but. Le caractère, qui s'était toujours fait remarquer par son orgueil solitaire et son égoïsme, trouvant ainsi son développement facile d'une part, et de l'autre un arrêt absolu, devint cyniquement contraire à celui des autres hommes, c'est-à-dire *inhumain*. La génération précédente s'était effrayée du dur cynisme de Frédéric; mais. avec Napoléon. la vie humaine fut sacrifiée dans de bien plus vastes proportions; la liberté fut frappée d'une répression plus implacable: la loi publique fut plus outrageusement méprisée, et par un homme sorti du peuple même. Frédéric avait poursuivi des résultats intelligibles, mais l'objectif de Napoléon est à peine définissable. Enfin quand il sacrifie un demi million d'hommes, en Russie. à sa folie du blocus continental, il semble sortir du cercle de l'humanité civilisée et se placer au niveau d'Attila. La comparaison paraît hasardée ; mais qui donc aurait le meilleur droit de s'en plaindre, Napoléon ou Attila? Le barbare agissait d'après les idées de son temps et de son peuple, tandis que c'est avec stupéfaction que nous considérons l'expédition de Russie, nous rappelant bien que celui qui accomplit cette monstrueuse hécatombe humaine est celui-là même qui, vingt ans auparavant, était appelé « un homme sensible » quand il discutait, dans le style de Rousseau, « quels sont les sentiments qu'il importe d'inculquer aux hommes pour leur bonheur ».

Toutes les fois que cela est possible, la meilleure méthode pour apprécier le caractère moral d'un homme est de considérer la direction générale et le but de sa vie. Ses actes particuliers admettent ordinairement des palliatifs ou des excuses ; à une époque aussi révolutionnaire que celle où vivait Napoléon, presque chaque acte peut être défendu d'une manière plausible par l'argument de « la nécessité exceptionnelle ». On n'a jamais accusé Napoléon de crimes commis par simple caprice, et dont la source est une nature maladive. Ses crimes sont pour la plupart des actes de violence sauvage, commis ouvertement, avoués et justifiés par la raison d'État. Le langage qu'il tint toujours prouve qu'il avait adopté tout d'abord, et avec une décision bien nette, la maxime courante de l'époque révolutionnaire : « tant que nous avons le bien public pour but, presque tout est permis » : ou, comme Mirabeau aimait à le répéter : « La petite morale est ennemie de la grande ». Nous pouvons admettre qu'il désire être jugé d'après le code de Frédéric le Grand. Il ne se croit pas tenu d'observer les règles ordinaires de la morale humaine : de même que Frédéric professe franchement que les traités peuvent être rompus en vue du bien public, Napoléon brise tout engagement et viole toute loi « pour le bien public ».

Ce principe est terrible ; néanmoins, c'est un principe. Ceux qui l'adoptent sincèrement se soumettent à certaines restrictions ; ils reconnaissent que certains actes sont des crimes, et que certains autres sont des devoirs. Pour Frédéric lui-même, peut-être le principe avait-il réellement son côté positif aussi bien que son côté négatif. Il est possible que le bien public ne fut pas pour lui un simple prétexte, un pur synonyme de « son propre intérêt ». Dans la carrière de Frédéric, si nous voyons l'effet de la négation de toute loi morale dans des actes particuliers tels que l'invasion de la Silésie et le partage de la Pologne, nous voyons l'affirmation de cette loi dans la tendance générale de sa vie. Nous constatons qu'au commencement de son règne l'État prussien subissait de nombreux désavantages qui l'exposaient à de graves dangers. Nous voyons que c'est à faire disparaître ces désavantages que Frédéric dévoue sa vie, et que c'est dans l'intérêt de son pays qu'il commet ses crimes. Quand il parle du bien public, c'est avec conviction, et nous pouvons peut-être en somme le reconnaître innocent d'ambition purement égoïste. C'est pour cela que son souvenir est cher encore à l'Allemagne contemporaine.

Essayons ici d'appliquer la même méthode à Napoléon. C'est la seule qui soit assez simple pour être admissible dans un ouvrage comme celui-ci, et c'est aussi peut-être la plus équitable en réalité. Il regardait tous les actes qu'il commettait, au mépris de toute loi, comme des moyens d'arriver à un but, et justifiés par l'excellence de ce but. Il était plein de cette idée, que l'époque où il vivait et agissait, était une époque révolutionnaire, à laquelle les règles ordinaires ne pouvaient pas s'appliquer. « Vous ne comprenez rien aux révolutions », répondait-il dédaigneusement à un homme politique qui lui disait avoir cédé à un scrupule de légalité, en un moment de crise des affaires en France. Si telle était sa manière d'envisager les choses, à quoi servirait de peser avec soin les témoignages sur lesquels s'appuient les diverses accusations portées contre lui? « Les hommes comme moi », disait-il, « ne commettent pas de crimes ». Cela voulait dire « ils agissent suivant la nécessité, et ce qui est nécessaire ne saurait être criminel ».

Mais Napoléon, comme Frédéric, eut tant de liberté d'action et tant de puissance que nous sommes à même de connaître quels résultats généraux il voulait obtenir. Nous sommes en situation de lui appliquer le critérium qu'il accepte lui-même.

A peu près dès le milieu de la période du Consulat, il commence à être aussi libre de tout engagement et de toute responsabilité que l'avait été Frédéric, et par conséquent, à dater de cette époque, il révèle ses idées personnelles, tandis que, jusque-là, il n'avait été que l'instrument des volontés de la Révolution française.

Ainsi, dans la première période de sa carrière, nous voyons l'homme tel que les circonstances l'ont fait. Il est l'incarnation de la vitalité d'un grand peuple, devenu organique pour la première fois. Formé à une époque de despotisme, ce peuple a l'instinct de la subordination, et en même temps la conscience nouvelle de la vie. Napoléon devient le chef héroïque de cette nation, afin de la défendre et de vaincre ses ennemis. Cette première période se termine au Consulat, au moment où Bonaparte accomplit la pacification du monde.

Dans la seconde période, nous voyons l'homme tel qu'il est en lui-même. Il n'a plus à exécuter les desseins d'autrui, et les plans qu'il forme expriment sa volonté propre. Dans leur exécution, il est, comme Frédéric, exempt de scrupules. Aussi bien à l'intérieur de l'empire qu'au delà de ses frontières, il tient peu de compte de ses engagements ; de même encore que Frédéric, il est dur, et prodigue de sang humain. De plus, comme sa puissance est beaucoup plus grande, son implacable volonté oppresse l'humanité bien plus rigoureusement que celle de Frédéric. Le carnage et l'horreur de la guerre de Sept ans sont entièrement éclipsés par les champs de bataille de Borodino, de Leipsick et par la retraite de Moscou. Bien plus encore, c'est lui qui est le provocateur dans les guerres incessantes de cette période, tandis que Frédéric, après l'invasion de la Silésie, resta le plus souvent sur la défensive. Néanmoins, comme Frédéric, il justifie sa conduite en invoquant le bien public.

Il pousse jusqu'aux dernières conséquences l'application de cette morale barbare. Car il est à peine possible d'imaginer une réforme ou un progrès dans les affaires humaines assez important pour compenser tous les maux que Napoléon infligea à l'humanité : la France décimée, la Russie envahie, l'Espagne devenue pendant cinq années le théâtre d'une guerre civile terrible, l'Allemagne foulée aux pieds, l'Angleterre bloquée, toute une génération sacrifiée à la guerre. Cependant, pour apprécier le caractère moral de Napoléon, la question essentielle est toujours : « Avait-il réellement le bien public pour but? Avait-il en vue quelque objectif raisonnablement digne de tant de sacrifices, quelque résultat qu'il pût, raisonnablement aussi, espérer atteindre par toute cette violence? » Si ce but existait, s'il avait cette espérance, nous pouvons admettre que sa carrière fut en un certain sens magnanime, tout en la déclarant perverse et même monstrueuse; nous pouvons le considérer comme un grand esprit emporté par une hallucination terrible, mais sublime.

Notre conclusion est que, d'une part, il n'avait pas la conception de cette grande œuvre, mais que, d'autre part, il n'était pas non plus entraîné

par la seule passion de la gloire personnelle. Il
continua d'abord simplement à poursuivre les
desseins habituels du ministère des affaires
étrangères de France, et ce furent l'échec subi,
et l'irritation causée par cet échec, qui le con-
duisirent à abuser d'une manière aussi incroyable
des immenses ressources de son empire. Il avait
pour but de vider par les armes la grande querelle avec l'Angleterre qui avait occupé la France
pendant tout le xviiie siècle, de venger et de
réparer les pertes qu'elle avait subies au Canada,
dans l'Inde, et sur toutes les mers. C'est ce qu'il
promit à la France; mais quand il se vit dans
l'impossibilité d'atteindre son but par une attaque directe, il força toute l'Europe à entrer dans
la lutte, « subjuguant l'Europe afin de vaincre
l'Angleterre » et n'offrant rien en retour à l'Europe que les vieux articles de la neutralité
armée.

Telle était la promesse qu'il avait faite à la
France; mais cette promesse, il ne put la tenir,
et il lui fit perdre, dans de vains efforts, toutes
les conquêtes si chèrement achetées de la Révolution.

Quand nous considérons l'ensemble de la
carrière de Frédéric le Grand, nous ne pouvons
nous empêcher de penser, quelle que soit la

sévérité avec laquelle nous jugeons ses crimes, qu'après tout, son monument est l'Allemagne moderne. Cette construction solide reste debout, à l'honneur de l'ouvrier qui a tant fait pour l'élever. C'est bien, en somme, le monument que Frédéric aurait désiré voir, et qu'il avait l'intention de fonder.

Pour Napoléon aussi on peut dire que la France moderne, dans sa constitution intérieure, est son monument. Les institutions de la France sont en somme l'œuvre de son règne. Mais c'est là le monument de ce premier Napoléon qui était le fils de son temps.

Le Napoléon qui fut *lui-même*, qui exécuta avec un pouvoir presque illimité son œuvre de fer, celui-là n'a pas de monument. Tout ce qu'il avait construit, au prix de tant de sang et de larmes, fut balayé avant qu'il eût lui-même terminé sa courte existence.

FIN

TABLE DES MATIÈRES

DEUXIÈME PARTIE

PLACE DE NAPOLÉON DANS L'HISTOIRE.

FIN DE LA TABLE.